DE L'INDISPONIBILITÉ

ET DE L'INDIVISIBILITÉ

TOTALES ET PARTIELLES

DU PATRIMOINE

PAR

M. RAOUL DE LA GRASSERIE

(Extrait de *LA RÉFORME SOCIALE*)

PARIS

AU SECRÉTARIAT DE LA SOCIÉTÉ D'ÉCONOMIE SOCIALE

54, RUE DE SEINE, 54

1899

SOCIÉTÉ INTERNATIONALE D'ÉCONOMIE SOCIALE

La Société, fondée par Le Play, s'est constituée le 27 novembre 1856, pour remplir le vœu exprimé par l'Académie des sciences, en couronnant l'ouvrage intitulé les *Ouvriers européens*. Elle applique à l'étude comparée des diverses constitutions sociales la méthode d'observation, dite des monographies des familles. Elle reproduit les monographies les plus remarquables dans le recueil intitulé les *Ouvriers des deux mondes*, et publie le compte rendu *in extenso* de ses séances dans la *Réforme sociale, bulletin de la Société d'économie sociale et des Unions*.

La *Société d'Économie sociale* se compose de *Membres honoraires* versant une cotisation de 100 francs par an, au minimum, et de *Membres titulaires* payant 25 francs. L'un et l'autre de ces deux prix donnent droit à recevoir la *Réforme sociale*, qui est adressée à tous les Membres deux fois par mois, le 1er et le 16 ; et les *Ouvriers des deux mondes* qui paraissent par fascicules trimestriels.

De 1865 à 1885 le *Bulletin* des séances forme 9 vol. in-8° avec tables méthodiques. La collection complète (rare) : 68 francs. — Depuis 1886, le *Bulletin* est remplacé par la *Réforme sociale*.

LES UNIONS DE LA PAIX SOCIALE

Les *Unions* ont pour but de propager et de mettre en pratique les doctrines de l'*École de la paix sociale* Elle sont réparties par petits groupes en France et à l'étranger. Leur action s'exerce par l'intermédiaire de CORRESPONDANTS locaux.

Les membres sont invités à transmettre au secrétariat général les faits qu'ils ont pu observer autour d'eux, ou les renseignements qui sont parvenus à leur connaissance. Ces communications sont, suivant leur importance, mentionnées ou reproduites dans la *Réforme sociale*.

Les *Unions* se composent de membres *associés* et de membres *titulaires*. Les membres *associés* versent une cotisation annuelle de 15 francs (France et étranger) qui leur donne droit à recevoir deux fois par mois la *Réforme sociale, bulletin* de la *Société* et des *Unions*. Les *membres titulaires* concourent plus intimement aux travaux qui servent de base à la doctrine des *Unions* ; ils payent, outre la cotisation annuelle, un droit d'entrée de 10 francs au moment de leur admission, et reçoivent, en retour, pour une *valeur égale* d'ouvrages choisis dans la *Bibliothèque de la paix sociale* et livrés au prix de revient.

Pour être admis dans les *Unions de la paix sociale*, il faut être présenté par un membre, ou adresser directement une demande d'admission au Secrétaire général, rue de Seine, 54, à Paris. — Les noms des membres nouvellement admis sont publiés dans la *Réforme sociale*.

COMITÉ DE DÉFENSE ET DE PROGRÈS SOCIAL

La *Réforme sociale* publie *in extenso* la plupart des conférences faites sous les auspices du *Comité de défense et de progrès social*. Chacune des conférences de 1895, 1896, 1897 et 1898 a été éditée, en vue de la propagande, en une brochure in-18 au prix de Cinq centimes. (Envoi *franco* à partir de 10 exemplaires).

DE L'INDISPONIBILITÉ

ET DE L'INDIVISIBILITÉ

TOTALES ET PARTIELLES

DU PATRIMOINE

PAR

M. RAOUL DE LA GRASSERIE

(Extrait de *LA RÉFORME SOCIALE*)

PARIS

AU SECRÉTARIAT DE LA SOCIÉTÉ D'ÉCONOMIE SOCIALE

54, RUE DE SEINE, 54

1899

DE L'INDISPONIBILITÉ ET DE L'INDIVISIBILITÉ

DU PATRIMOINE

Il s'est établi à la fin du siècle dernier et dans le cours de celui que nous terminons un entraînement général dans le sens de la liberté absolue de la personne et des biens, de manière à briser non seulement les servitudes, mais aussi les liens qui les retenaient, à individualiser totalement ces éléments des droits, bien plus, à les fractionner juridiquement dans leur existence successive, et il a semblé qu'en cela consistait non seulement la tendance naturelle de l'évolution, mais même le progrès : aussi a-t-on porté cette tendance à ses extrêmes limites. La liberté complète a entraîné la mobilité incessante.

Ce mouvement de l'ensemble peut être observé séparément. En ce qui concerne la personne, l'individu s'est de plus en plus séparé de la famille qui le contenait pour devenir autonome, autant que l'âge ou le sexe l'ont permis. Par la majorité avancée, par l'établissement du divorce, par l'affaiblissement du pouvoir paternel, par l'indépendance relative accordée ou promise à la femme mariée, par la limitation des degrés successoraux, le lien familial s'est relâché ; au contraire, l'individu a pris une importance plus grande; seulement par son isolement en présence de la force sociale, cette autonomie au dedans s'est doublée au dehors d'une grande faiblesse.

Le patrimoine, cette ombre de l'individu, a suivi la même marche. Il a été en proie à une mobilité qui contraste avec son immobilité ancienne. Non seulement les derniers vestiges du système féodal qui le conservaient dans la même famille, malgré la volonté même du possesseur actuel, ont disparu; mais le régime dotal qui tendait au même but entre époux tombe en désuétude ou est éludé en pratique là où on le conserve nominalement. Les substitutions successorales qui protégeaient la race et même l'enfant ne sont plus que d'un usage rare. Les obstacles à la libre aliénation ne sont plus admis ni par la loi ni par la pratique. Bien plus, la liberté du jeu a été consacrée en France par des lois récentes. La mobilité des fortunes est sans point d'arrêt. De là, des déclassements, des reclassements, des fortunes subites. Le patrimoine est plus fragile que la personne elle-même.

Les biens à leur tour sont entrés dans le même mouvement vertigineux; leur aliénation continuelle semble être devenue un objectif; il en est de même de leur division qui atteint le degré de pulvérisation. La grande propriété a disparu devant celle moyenne, puis de celle-ci on est passé à la toute petite propriété. Dans les partages après décès, la loi de l'égalité en nature a abouti à ce morcellement. Par contre-coup, la culture intensive a dû se substituer partout à la culture extensive. La propriété communale indivise a été à peu près détruite et les communaux partagés. Les perfectionnements du régime hypothécaire conduisent à la monétisation du sol. En même temps la fortune mobilière tend à contrebalancer en importance la fortune immobilière plus lourde et, par définition, d'une circulation moins facile. La valeur, devenue au porteur, devient en même temps anonyme ; le câble qui l'attachait à la personne est rompu.

Tel est le mouvement qui entraîne à la fois les personnes, le patrimoine et les biens. Ce n'est pas tout, son effet se fait sentir encore d'autre manière. C'est ainsi que le morcellement des biens et le relâchement des liens de famille ont causé la dispersion des personnes. Tant que l'individu restait enfermé dans la famille, tant que la famille se groupait autour d'un foyer matériel suffisant, l'individu prenait racine auprès de ce foyer, il ne quittait point la campagne pour le bourg, le bourg pour la ville, la ville pour Paris ; aujourd'hui la famille s'affaiblissant, le foyer se restreignant, il va chercher fortune dans une agglomération sociale plus dense, remplaçant, si possible, l'agglomération familiale, et les citoyens sont des déracinés.

A côté de la famille, de nature physique et morale, se trouvait la corporation, de nature sociale, à laquelle l'individu se rattachait au point de vue économique du travail. Ce conglomérat se trouva brisé aussi et le travailleur libre et individuel est devenu complètement autonome. Il n'a plus eu à subir de joug, et les progrès de l'industrie ont pu devenir plus grands, l'initiative étant créatrice ; mais l'ouvrier, désormais isolé, n'a plus la force de résister, privé de tout appui, si certaines forces économiques se développent de manière à devenir toutes puissantes.

C'est ce qui est advenu. Tandis que les biens proprement dits, les immeubles, se pulvérisaient, que les personnes naturelles se dissociaient tant moralement qu'économiquement, que les travailleurs devenaient isolés, les capitaux se concentraient entre les mains de personnes peu nombreuses et formaient des sociétés qui, par l'accumulation, devenaient omnipotentes. La grande industrie et le grand commerce détruisaient la petite industrie et le petit commerce. L'ouvrier isolé ne pouvait plus discuter son salaire. Bien plus, les sociétés, menant jusqu'au bout pour une production plus avantageuse la division du travail, réduisirent l'ouvrier à n'opérer jamais que la même partie déterminée d'un ouvrage, ce qui le mettait à leur merci. En même temps, grâce à l'invention des machines, celui-ci vit son champ d'activité diminué, subissant la concurrence des machines elles-mêmes. Cet état est celui qu'on a si souvent qualifié de féodalité financière.

Enfin l'abaissement du salaire effectif et par contre l'augmentation de la rente furent les conséquences économiques dernières. La part de la spéculation fut plus grande et celle du travail moindre. Le résultat fut l'introduction dans les législations de la liberté illimitée du taux de l'intérêt, qui contraste avec l'interdiction absolue de l'intérêt dans l'ancien droit.

Nous avons dû présenter ce tableau d'ensemble de la situation nouvelle morale, sociale et économique qui s'est produit en France et plus tard en Europe depuis la fin du siècle dernier. Il contraste singulièrement avec l'état précédent où les principes contraires avaient dominé d'une manière excessive aussi.

En ce qui concerne les personnes, ce qu'on appelle l'ancien régime avait resserré au plus haut point les liens de famille, même après la période féodale expirée. L'indissolubilité du mariage, la situation inférieure faite à la femme, la subordination absolue de l'enfant, le souci de la race à laquelle on donnait, pour ainsi dire, une existence distincte de celle de ses membres, étaient caractéristiques. Il en était de même pour le patrimoine. Celui-ci était, presque totalement immobilisé, surtout lorsqu'il s'agissait des biens patrimoniaux. Le régime dotal le conservait à la femme dans de nombreuses provinces. Des réserves et des droits de retour frappaient une partie considérable des successions. Les substitutions empêchaient le patrimoine d'être dispersé et en même temps le rendaient indivisible. Non seulement la spéculation de

Bourse n'était pas en usage, sauf dans quelques cas de tempêtes économiques comme celle de Law, mais le prêt à intérêt était lui-même interdit. Les biens envisagés en eux-mêmes étaient immobilisés, attachés au sol, les cultures étaient extensives, les domaines non morcelés, les communaux considérables. La grande propriété était habituelle. Aussi les habitants restaient sur la ferme auprès du foyer, les familles ne se dispersaient pas plus que les biens, il y avait vers les villes une faible attraction. D'ailleurs les personnes ne se groupaient pas seulement autour d'un point du sol ou d'une famille, mais aussi autour d'un corps de métier. Le travailleur n'était point isolé; son travail n'était point divisé. Par contre, il n'y avait pas de groupement colossal des capitaux en société, la lutte pour la vie existait, mais ne se trouvait pas troublée par l'introduction de facteurs tout puissants, capables d'en changer les conditions. Le salaire était petit, mais l'intérêt était nul.

Tel est le parallélisme. Doit-on regretter l'évolution produite? Faut-il juger lequel est le meilleur des deux systèmes? Cela nous semble inutile et impossible: inutile, parce que la force de l'évolution est inéluctable, et qu'on l'approuve ou qu'on la critique, elle n'en suit pas moins son cours; impossible, car le système qui s'est substitué à l'ancien a ensemble des avantages et des inconvénients indiscutables.

Les avantages sont surtout les suivants.

L'individu qui doit être protégé par la famille et contenu d'abord par elle, doit s'en émanciper peu à peu dans une certaine limite; il est bon même qu'il la quitte pour fonder à son tour une famille nouvelle, et dans ce but, qu'il puisse avoir tôt ou tard une part distincte du patrimoine commun. Vis-à-vis de son mari, il est juste que la femme elle-même jouisse d'une certaine autonomie. Le pouvoir paternel a ses limites, et même sa déchéance est aussi utile que contre l'enfant peut l'être l'exhérédation.

Le patrimoine, comme la personne, doit ne pas rester dans des liens perpétuels. Les biens qui le composent doivent être, en général, disponibles. Le régime dotal est gênant dans la pratique, et d'ailleurs la femme, qui a été souvent cause de la ruine par des dépenses excessives, peut se trouver ainsi injustement protégée. Quant au maintien de la fortune entre les mains de l'aîné seul, ou des enfants du sexe mâle, il sacrifie injustement les autres, lorsque le privilège existe non seulement en nature, mais en valeur. D'ailleurs, ce choix est aveugle et s'est porté sur les moins dignes. Lier pour des siècles le patrimoine par des substitutions est faire dépasser à la volonté d'un homme ses limites naturelles dans le temps, et permettre aux morts de gouverner perpétuellement les vivants.

D'autre part, la grande propriété, qui était le résultat du régime économique ancien est aussi mauvaise dans l'intérêt de l'exploitation que la petite. On a critiqué, avec juste raison, les latifundia. La culture extensive qui en est la conséquence est insuffisante dans l'état actuel; or l'absence de tout morcellement y conduit.

La dispersion des personnes, leur affluence vers les villes, si elle est excessive, est un mal, mais elle est un résultat forcé de la civilisation et un produit de la tendance capillaire à s'élever de plus en plus, par un mouvement souvent trop rapide, mais légitime en soi. Elle est une cause d'émulation. Conduite à ses conséquences dernières, elle pouvait aboutir à l'habitude colonisatrice.

Comme l'émancipation de l'individu de son lien de naissance et de son lien de famille, celle de la société économique de travail a aussi ses avantages certains; elle a contribué au développement de l'initiative et a décuplé la force du travail personnel; elle a contribué au perfectionnément des procédés et combattu la routine. De son côté, la division du travail est une condition de perfection de l'œuvre, et si elle nuit parfois au travailleur lui-même, elle profite à l'ouvrage et à ses consommateurs.

Enfin, sans l'association formidable des capitaux, aucune des grandes entreprises modernes n'eût été possible; l'anonymat, la responsabilité limitée étaient nécessaires au crédit. La spéculation même y a apporté un contingent utile.

Tels sont quelques-uns des avantages incontestables de l'état actuel substitué à l'état ancien.

Mais à côté de ces avantages, il existe des inconvénients d'une extrême gravité. Nous devons les résumer en quelques mots.

La destruction de plus en plus complète des liens proches de famille, l'exaltation de l'individu avec son égoïsme sont funestes. Le divorce peut conduire à l'union libre; la déchéance de la puissance paternelle, au transfert à l'État des obligations de la paternité; l'émancipation trop grande de l'enfant peut aboutir au dégoût de cette paternité même; l'indépendance complète de la femme vis-à-vis de son mari, à l'éloignement du mariage.

Dans l'ordre d'idées du patrimoine, la mobilisation extrême, la division de la succession sans limite, la légitimation du jeu, la circulation sans aucune entrave et instantanée, la restriction testamentaire des pouvoirs du père de famille abolissent aussi, d'une manière indirecte, mais puissante, la famille elle-même. Elles ont, de plus, un double péril. D'un côté, elles nuisent aux biens eux-mêmes qu'elles pulvérisent, dont elles brisent l'exploitation, et elles créent partout la petite propriété en détruisant celle moyenne. De l'autre, elles produisent un déclassement incessant. Or, rien n'est si périlleux que le déclassement, non seulement pour l'individu directement atteint, mais aussi pour la famille et pour la société tout entière. Celui qui se voit brusquement privé de toute sa fortune, quand même ce serait par sa propre faute (le joueur, le prodigue, le débauché), souffre un tourment indicible, aussi bien moral que matériel, mais de plus ce malheur retombe du poids le plus lourd sur sa femme, sur ses enfants. Or la loi, si elle délaisse le premier, doit, au moins, protéger les seconds. Elle ne le fait que dans des cas rares. La femme est ruinée, car elle signera presque toujours les obligations de son mari, et perdra ainsi même sa fortune propre, et ce beau résultat sera obtenu pour le triomphe de ce principe théorique que chacun peut user de sa liberté, et qu'on ne doit pas l'empêcher de se suicider physiquement, moralement ou économiquement. Les enfants ne sont pas moins à plaindre, car ils auront été élevés jusqu'à cette époque dans un certain rang social duquel il faudra déchoir. La famille dans son ensemble, la race devra aussi sombrer. Ce n'est pas tout, la société est à son tour atteinte; car l'homme déclassé aura contre elle des rancunes tantôt méritées, tantôt imméritées; il cherchera à la dissoudre; ce sont les déclassés d'une classe supérieure qui ont presque toujours convié les classes inférieures aux haines et aux luttes de classes. S'il n'y avait là qu'un ferment nécessaire pour convier celles inférieures à une utile émulation, ce ne serait qu'un bien; mais si cela est une cause d'inimitié irréductible, c'est un des maux sociaux les plus grands.

Le danger du système contemporain n'est pas moins grave en ce qui concerne les biens; il existe quant à leur circulation et quant à leur morcellement. C'est un préjugé de croire qu'une transmission incessante est désirable. Il est à souhaiter que dans leur intérêt les biens restent un certain temps entre les mêmes mains. C'est alors seulement qu'on peut faire des avances pour leur amélioration. Leur division à l'infini est aussi très préjudiciable. La toute petite propriété est une mauvaise propriété, elle ne peut supporter la charge des frais généraux; la culture en est trop coûteuse, elle se fait jusqu'à l'épuisement, plutôt qu'elle n'est en réalité intensive. Au contraire, en réunissant plusieurs fermes en une, on peut profiter des machines et autres moyens de culture rapide et économique.

La dispersion des personnes, leur migration hors du pays natal et d'agriculture n'est pas moins nuisible à la terre qu'aux émigrants eux-mêmes; elle a pour résultat le mépris de la simplicité, l'éloignement de la création d'une famille, la vie anonyme et égoïste; elle diminue la moralité matérielle, et tous les économistes s'attachent à juste titre à la combattre.

L'individualisation absolue du travail et sa division ont été surtout funestes. Comment l'ouvrier isolé, qui n'est plus soutenu par aucune solidarité, aucune confraternité des siens, pourra-t-il lutter contre ceux qui centralisent et accaparent le travail? Il devra désormais subir la loi du plus fort, abaisser son salaire jusqu'au-dessous de ce qui lui est nécessaire, ne plus savoir composer une œuvre entière, s'astreindre à l'emprisonnement de l'atelier, tandis que le régime des corporations lui permettait de lutter et quelquefois de triompher.

D'autant plus qu'en face de lui se dresse la féodalité financière. Les associations formidables de capitaux eurent, pour mener à fin de gigantesques entreprises, des effets salutaires, mais les entreprises essentielles achevées, elles présentent le double inconvénient de travailler à vide, de ne trouver d'aliments très souvent que dans la spéculation et le jeu, et d'autre part d'écraser les entreprises et les réussites individuelles; elles entraînent les particuliers dans leur orbite ou les éliminent; rien ne peut résister à leur puissance bien plus forte que celle de l'Etat politique. L'ouvrier doit s'attacher au lingot de la grande fortune mobilière, comme il le faisait autrefois à la glèbe de la propriété immobilière.

La part trop large du capital entraîne en même temps la diminution excessive des salaires et le triomphe de ce qu'on a appelé la loi d'airain; cependant le salaire nominal monte, mais le salaire effectif descend.

Tels sont les inconvénients les plus graves de l'état économique et moral nouveau, surtout en ce qui concerne la famille et le patrimoine ; nous négligeons à dessein tous les détails.

Faut-il le répudier et chercher à revenir à l'état ancien ? Nullement, car cet état avait aussi ses dangers graves. L'activité humaine si féconde s'y trouvait détruite, et on ne ferait en rétrogradant que changer des vices pour d'autres. D'ailleurs, il ne faut jamais s'attarder à conserver des ruines, à les restaurer. Si l'édifice actuel est imparfait, il vaut mieux en construire un autre neuf. On le verra d'ailleurs peut-être en s'élevant reproduire quelques-unes des dispositions utiles du très ancien, par la seule force des choses et la logique de l'évolution qui ne s'arrête jamais. Nous avons dit ailleurs que sa forme graphique est spiraloïde, c'est-à-dire qu'après une période de changement où l'on a établi des principes contraires aux premiers, le progrès continue, mais en reprenant les mêmes lignes verticales tout en s'élevant sur l'horizontale. En d'autres termes, loin de retourner en arrière, si l'on veut corriger ce qui existe, il faut aller plus hardiment et plus droit en avant. Ce procédé nous réserve une agréable surprise. Loin d'exagérer, en agissant ainsi, les défauts du système actuel jusqu'à l'absurde, on se trouve peu à peu transporté par des transitions nouvelles à un système dernier qui a de fortes ressemblances avec le plus ancien, qui en reproduit les qualités, en élimine les défauts, conserve les résultats acquis de l'état présent. On a abusé de la thèse, de l'antithèse et de la synthèse. Il y a là pourtant quelque chose qui s'en rapproche.

Il est facile de vérifier expérimentalement cette prévision. Dans ces derniers temps se dessine un mouvement qui tend à diminuer mécaniquement l'indépendance exagérée de la personne, des patrimoines et des biens, leur isolement, leur émiettement, sans que cette tendance soit liée à aucune réaction politique, économique ou sociale. Il est très curieux d'observer un instant cette direction nouvelle qui n'est cependant pas un revirement.

Il semblait que l'autonomie de l'individu, avec effacement de ce qui l'entoure, était un dogme nouveau véritable ; on en acceptait toutes les conséquences, et on ne les contesta même pas dans ces derniers temps en théorie, mais frappé de ses inconvénients pratiques, on finit par se diriger comme si ce grand principe n'existait plus.

C'est ainsi que la famille presque juridiquement détruite tend à se reconstituer. Il est très curieux que dans le projet de loi civile le plus récent, celui du Code civil suisse, on tende à rétablir l'ancien pouvoir paternel. De même à l'indépendance devenue presque complète de la femme dans le mariage au point de vue des biens marquée par le régime de la séparation, se substitue, dans les lois les plus récentes, le système de *l'interdépendance* conjugale, qui solidarise de nouveau, quoique d'une manière autre, les intérêts des deux époux. Beaucoup de codes tout à fait contemporains augmentent la portion disponible, et donnent ainsi au père de famille une autorité d'outre-tombe qu'il ne possédait pas ; ils lui permettent aussi de distribuer librement ses biens en nature.

Le même mouvement atteint le patrimoine : ceux qui dissipent leurs biens par le jeu, l'ivresse, la prodigalité sont mis en tutelle ; ils peuvent être interdits par le père de famille ou par eux-mêmes. Celui-ci reprend le droit d'exhéréder ; il peut obtenir l'indivisibilité de son patrimoine entre les mains de ses héritiers dans les pays qui admettent l'*hoferecht*. Il peut le rendre inaliénable et incessible pendant un certain temps dans des conditions plus faciles. Il lui devient permis de veiller pour l'avenir à la conservation du patrimoine par sa famille. Par là même l'indivisibilité du patrimoine dans une certaine mesure assure l'indivisibilité des exploitations et empêche le morcellement. La conversion de la moyenne culture en petite culture se trouve ainsi arrêtée au grand profit du rendement net des immeubles.

Bien plus, le père de famille peut conserver ce patrimoine pour lui-même et dans une certaine mesure rendre ses biens insaisissables et même incessibles, en subordonner au moins la cessibilité au consentement de son conjoint et de ses enfants, dans les pays qui admettent l'*homestead*. Il peut s'assurer ainsi tout au moins un *minimum* de fortune au-dessous duquel il ne pourra pas descendre, même par son imprudence. L'indisponibilité du noyau familial, du foyer de famille, devient ainsi un principe. Par là, la dispersion des personnes se trouve arrêtée. On exige pour la réserve personnelle, cette si précieuse garantie, que l'ayant droit habite et exploite le fonds réservé.

La transformation qui s'opère ainsi dans le capital se retrouve dans le travail. L'ouvrier n'est plus isolé devant les grandes sociétés de capitaux. Il lui est permis et même ordonné de se grouper. En Allemagne, en Autriche on voit ressusciter les corporations industrielles. Après une raréfaction complète se produisent des condensations, d'abord faibles, puis compactes. Au capital aggloméré, le travail aggloméré vient répondre. On se retrouve bien près d'un retour aux maîtrises et aux jurandes, mais avec une différence capitale que nous allons tout à l'heure signaler.

La liberté du travail n'est plus ainsi tout à fait complète, il y a souvent coopération, de nombreuses sociétés s'instituent dans ce sens. Mais ce n'est pas seulement le travail actuel, c'est aussi le potentiel de travail qui est affecté, lié de nouveau. Le travailleur s'assure contre les accidents, la maladie, la vieillesse, la mort. Ce qui est essentiel ici, c'est que cette assurance, d'abord volontaire, devient forcée dans beaucoup de pays en vertu de ce qu'on a appelé le socialisme d'État. L'ouvrier doit laisser prélever une partie de son gain, il n'en est plus le maître absolu. Mais, par contre, il est préservé de la misère totale, de même que celui qui possède le capital est préservé de la ruine, même sans le vouloir, même lorsqu'il ne le veut pas.

L'intérêt, même autrefois qualifié d'usuraire, après avoir été longtemps interdit, était devenu dans beaucoup de législations permis sans limites, et en fait il s'élevait beaucoup en raison des risques et des entreprises fructueuses. Depuis et dans le dernier état, il s'est affaissé sous certaines pressions économiques ; après s'être exagéré, il descend de plus en plus ; la part du travail dans le produit devient plus élevée, et le salaire, même réel, s'accroît.

Enfin la féodalité financière, plus résistante, tend à s'amoindrir, les emprunts d'Etat ne sont plus monopolisés par elle, et se font par souscription directe ; les valeurs de Bourse se classent vite. La spéculation individuelle est assez forte pour contre balancer celle par masses. Les associations peuvent peu à peu former un contrepoids aux sociétés.

Telles sont les transformations dernières ; elles ne sont pas complètes, mais très accentuées. On y retrouve un état qui, sous beaucoup de rapports, ressemble à l'état très ancien, et diffère profondément de celui immédiatement précédent. En somme, la liberté illimitée, l'autonomie individuelle, la franchise des biens, leur divisibilité, leur transmissibilité absolue, les variations incessantes du patrimoine, le déclassement qui en est la conséquence, l'effet et la production du travail limités au jour le jour font place peu à peu à des liens nouveaux que l'expérience a fait juger nécessaires, l'axe économique se déplace. S'il n'y a pas de dépendances multiples comme autrefois supposant une hiérarchisation directe, il n'y a pas non plus complète indépendance, mais bien *interdépendance*, ce qui est très différent.

Ce qui est extrêmement curieux, c'est qu'il n'y a pas eu ainsi retour aux anciens principes, ni aux anciennes institutions, ni consciemment ni inconsciemment. L'*homestead* est né dans un pays de pleine démocratie et étant le produit de besoins nouveaux, n'a aucune teinte féodale. Il en est de même de l'*hoferecht* qui est institution paysanne roturière. L'assurance obligatoire est une indépendance pour les travailleurs ; leurs associations, loin d'opprimer les individus, les protègent au dehors. L'interdépendance des époux est bien distincte de la dépendance ancienne et se rattache à un tout autre ordre d'idées. On ne peut donc repousser en bloc le mouvement qui se produit, sous prétexte qu'il renferme un retour à un régime très ancien disparu et qu'il aurait les inconvénients et les dangers des survivances et des anachronismes.

Il possède pour lui la force vitale, la force de l'évolution ; seulement, il est souvent contrarié, combattu ; il importe de le dégager des obstacles, de le favoriser, de le hâter. S'il n'existait pas, ces efforts seraient vains, mais il existe, et par conséquent, il est possible de le rendre définitif et de le faire aboutir.

Parmi les divers éléments de cette transformation, nous n'étudierons ici que ceux qui concernent le patrimoine et les biens qui en font partie ; nous avons seulement voulu indiquer préliminairement à quel ensemble ils appartiennent et quelle est la marche de cet ensemble. Il s'agit maintenant de savoir jusqu'à quel point et de quelle manière le patrimoine, les biens eux-mêmes distincts qui le composent doivent rester à la libre disposition de leur possesseur, soit directement en les aliénant, en les grevant ou en les léguant, soit indirectement en contractant des dettes exécutoires sur eux, soit enfin en les divisant à l'infini, et jusqu'à quel point et de quelle manière ils doivent, dans un nouveau stade de l'évolution, être soumis de nouveau à certains liens, non pas ceux de jadis, mais ceux nouveaux que l'utilité pratique a indiqués, qu'il y a lieu seulement de systématiser et d'étendre.

Au point de vue utilitaire, ce qui domine surtout c'est économiquement l'intérêt des biens eux-mêmes qui ne doivent pas être pulvérisés par un partage obligatoire et incessant ; de là le principe relatif de l'indivisibilité ; c'est socialement surtout l'intérêt qu'il y a à ne pas permettre les déclassements brusques et complets dont le danger est extrême pour la société et les effets cruels pour l'individu et la famille : de là le principe relatif de l'insaisissabilité et de l'incessibilité, ensemble de l'indisponibilité. Ces deux sujets qui se touchent d'ailleurs n'ont jamais été traités dans leur synthèse économique, sociale et juridique ; c'est cette synthèse que nous essayons aujourd'hui ; nous tâcherons aussi de conclure, car l'homme social ne vit pas surtout de théorie, mais de principes immédiatement réalisables et de pratique.

Nous divisons la présente étude en trois parties :

1° celle théorique ;

2° celle d'observation du droit et du fait existant, ou expérimentale ;

3° celle pratique envisageant et essayant de fonder l'avenir.

Dans la première, nous établirons le principe des diverses réserves patrimoniales, au profit de l'individu, de son conjoint, de ses enfants, de la famille entière, contre eux-mêmes et les diverses personnes qui peuvent se trouver en conflit, que ces réserves aient lieu en capital, ou en produit ou potentiel de travail ; celui de l'indivisibilité du patrimoine, celui de sa conservation matérielle par l'assurance ; nous en démontrerons en même temps la légitimité aux divers points de vue physiologique, moral, social et économique, ainsi que l'utilité.

Dans la seconde, nous rechercherons quelles sont les amorces de ces principes qui ont existé ou existent : 1° dans le droit ancien, 2° dans le droit français actuel, 3° dans les législations étrangères.

Dans la troisième, nous essaierons de construire un droit nouveau où ces principes, suivant nous essentiels pour la bonne organisation sociale, trouveront leur entier développement.

PREMIÈRE PARTIE. — LA THÉORIE

L'homme doit-il être entièrement libre de son patrimoine, en supposant, bien entendu, qu'il ait une capacité juridique entière, qu'il soit majeur et non en tutelle? Ou bien doit-il subir dans cette liberté certaines restrictions? Si nous consultions seulement la législation française actuelle et beaucoup d'autres, il faudrait conclure empiriquement à la pleine liberté. Chacun doit pouvoir, sous sa responsabilité, agir comme il l'entend, aussi bien pour ses biens que pour sa personne, sauf à payer ses imprudences, ses vices ou ses folies. Tout ce qui est préventif doit être écarté, aussi bien au civil qu'au criminel.

Mais un examen attentif et surtout un peu d'expérience font bien vite toucher du doigt la fausseté d'un tel système. Tout d'abord l'homme est rarement seul et son patrimoine isolé. Il est le plus souvent marié et père de famille. Alors la question devient plus complexe. S'il peut disposer librement du sien et se ruiner quand il lui plaît, a-t-il le même droit sur le patrimoine de sa femme, et en le dissipant doit-il ruiner à la fois celle-ci et les enfants nés ou à naître du mariage? Bien plus, sera-t-il dans ce cas entièrement libre de son propre patrimoine, même lorsque sa femme ne possède pas de biens propres? N'a-t-il pas pris l'obligation virtuelle de la faire vivre, et dans un certain rang? Cette obligation n'existe-t-elle pas plus grande encore vis-à-vis des enfants qu'il procrée? Ce n'est pas tout, il n'est lui-même que le membre d'une famille dans laquelle il reçoit de ses ascendants un patrimoine hérité qu'il doit transmettre avec la même fidélité à ses propres descendants. Ne porte-t-il pas sur ce dépôt une main impie, s'il le dissipe? Ainsi plusieurs intérêts, et peut-être plusieurs droits, se trouvent en présence qui seraient satisfaits par une limitation de son droit de libre disposition ; ces intérêts sont ceux : 1° de lui-même, 2° de sa femme, 3° de ses enfants, 4° de l'ensemble de la famille.

Nous devons pour plus de netteté nous occuper successivement de chacun de ces intérêts et rechercher si ce ne sont pas en même emps des droits.

Supposons d'abord qu'il s'agisse d'un homme non marié et qui n'a pas l'intention de le devenir. Il n'a que des ascendants et des collatéraux et peut-être même n'en a-t-il plus. Il n'a donc à se préoccuper de personne autre. Il semble alors qu'il soit très libre non seulement de disposer pour après son décès (ce point est incontestable, puisque cette disposition ne peut lui préjudicier, ni à aucun ayant droit), mais aussi de son vivant, soit en donnant, soit en aliénant, en empruntant, en dépensant son capital. Il a eu de tout temps avec la propriété le *jus abutendi*. Sans doute, s'il est prodigue, il sera pourvu d'un conseil judiciaire ; s'il est en état d'aliénation mentale, il sera interdit, mais ce sont des cas pathologiques. L'homme célibataire adulte et sain de corps et d'esprit doit être entièrement libre de son capital. Que s'il n'a pas de capital, il devra être libre de son travail, il doit pouvoir en absorber les produits, sans se préoccuper de savoir s'il sera toujours en état de travailler. De quel droit lui imposerait-on l'épargne, ou i'assurance contre les infirmités ou la vieillesse ? Ce serait attenter au droit de l'individu. Au nom de qui ? Ce ne pourrait être qu'au nom de la Société, puisque aucune personne n'est intéressée. Or, cette immixtion sociale serait une usurpation. D'ailleurs, puisque cette société ne le secourt pas, la maladie ou la vieillesse arrivant, elle ne pourrait justifier même par ce motif un intérêt de sa part.

Cette argumentation est spécieuse, elle l'est tellement qu'elle est généralement admise, et que sur ce fondement, les législations positives, jusqu'en ces derniers temps du moins, ont laissé à l'individu non marié sa pleine faculté de disposer, de dépenser, de se ruiner. La liberté a semblé un principe absolu, Cependant rien n'est plus *antiscientifique*. Il serait facile de prouver la nécessité de mettre une limite à ce droit, même sans détruire le principe. Aussi, l'imbécile, le prodigue, dans certains pays le faible d'esprit et l'ivrogne sont mis en état de tutelle, déclarés incapables. Or, celui qui est joueur, par exemple, ne pourrait-il leur être assimilé, de même celui qui joue à la Bourse ou qui y spécule à outrance ? N'en est-il pas de même du débauché, de celui, du moins, qui dans la débauche, dépense toute sa fortune ? Enfin toute personne qui se ruine n'a-t-elle pas un grain de folie ? Sans doute, dans des cas exceptionnels, cette ruine peut n'avoir pour cause que des circonstances malheureuses. Mais le plus fréquemment l'élément subjectif, la cause subjective n'en seront pas exclus. A ce point de vue donc et sans établir aucune révolution dans le droit, on pourrait restreindre la capacité et, par conséquent, la disponibilité du patrimoine dans tous ces cas, non seulement après la ruine consommée, car alors le remède est devenu inutile, mais dès que les symptômes de ce désordre mental auraient apparu. Mais il faut aller plus loin et ne pas se contenter de cette indisponibilité subjective, même étendue, et envisager l'indisponibilité objective.

L'homme a-t-il vraiment bien le droit de se ruiner autant qu'il le veut, plus ou moins consciemment, et n'a-t-on pas celui de l'arrêter sur cette pente? « Sans doute il est maître de lui-même. Mais s'il l'est entièrement, il faut alors approuver le suicide, car la ruine n'est qu'un suicide *sui generis*, le suicide du patrimoine. C'est même davantage, car en suicidant son patrimoine, on blesse sa personne elle-même condamnée à souffrir de maintes privations et d'une diminution sociale. Cette diminution sociale constitue le déclassement. Or, rien de si cruel ne se peut concevoir. Si la misère congénitale est si dure, combien plus celle survenue; lorsque l'homme est arrivé à cet état, il bénirait celui qui par des mesures préventives l'aurait empêché d'y tomber. Il a donc intérêt, et l'intérêt le plus grand, à ce que son patrimoine soit frappé d'avance d'une certaine indisponibilité. Il devrait l'obtenir au moins par mesure spéciale lorsqu'il se sent une certaine faiblesse de volonté qui peut l'entraîner; aussi dans plusieurs pays, peut-il alors provoquer lui-même son interdiction. Mais cela ne suffit pas, car, en général, au moment de l'entraînement, l'individu ne veut pas être lié, ne peut souffrir aucun joug. Ce n'est que plus tard qu'il regrette amèrement que la loi, que la société ne l'aient pas contrarié à temps. Comment sortira-t-il de l'abîme où il se débat? A défaut de capital, pourra-t-il remonter économiquement par un travail fructueux? Cela lui est impossible; il n'a même pas la possibilité d'un travail suffisant pour vivre. Là fortune qu'il a possédée quelque temps n'aura eu pour résultat définitif que de l'inhabiliter; non seulement elle lui aura inspiré une langueur qui rend tout travail pénible, mais elle l'aura rendu incapable. En outre, elle lui aura fait sentir un à un tous les détails de la pauvreté; son éducation, son instruction, le souvenir du passé seront autant d'éléments de supplice. Il ne goûtera aucune des distractions qui rendent supportable l'indigence ordinaire. Il ne pourra se mettre définitivement de niveau avec sa chute. Ce n'est pas ici le lieu de faire le tableau psychologique du déclassé; aussi bien faudrait-il y consacrer de longues pages, car c'est point à point que ce misérable éprouve toutes les aspérités de sa situation, et le malheur en bloc se détaille pour lui chaque jour. Il a donc le plus vif intérêt à ce que la ruine éventuelle lui soit épargnée d'avance en mettant en réserve une partie de ses biens. On lui rend ainsi le même service qu'en cachant l'arme à celui qui voulait se tuer.

Non seulement d'ailleurs l'homme a intérêt à ce qu'on l'empêche de consommer sa ruine ; mais on a le droit de l'en empêcher aussi et il ne possède pas de droit en sens contraire ; autrement dit, l'homme, même isolé, n'a pas la liberté de se ruiner complètement, pas plus qu'il n'a celle de se suicider. Sans doute, il peut disposer de sa vie dans une certaine mesure, l'exposer à des dangers, à des luttes, à des travaux délétères, mais il ne peut l'annihiler. De même, il lui est loisible d'exposer une partie de sa fortune, dans le but de la faire fructifier, autrement tout commerce deviendrait impossible, mais il ne doit pas la mettre tout entière en jeu : il doit lui rester une réserve, sur laquelle il pourra vivre, quoique plus médiocrement, en cas de non-réussite ; il n'a pas le droit de tout perdre ni d'un coup de dé, ni de plusieurs. Il a des devoirs envers lui-même. L'homme d'hier n'est pas absolument l'homme de demain ; le second possède des droits contre le premier.

Mais ce n'est pas seulement l'individu lui-même qui a intérêt et droit à empêcher son propre déclassement total ; c'est aussi la Société dont il fait partie. L'intérêt de cette Société est évident. Il résulte du déclassement un préjudice et un danger extrêmes pour elle. Ce préjudice consiste en ce que le déclassé va souvent retomber à sa charge en grossissant le nombre des indigents, et cet indigent spécial aura des exigences plus grandes, étant plus malheureux ; il augmentera peut-être le contingent des condamnés. Mais le danger dépassera de beaucoup le préjudice actuel. Ce déclassé ne pourra jamais se contenter de sa place inférieure, il essaiera mécaniqnement de remonter et par tous les moyens. En outre, il se trouvera mêlé à une classe qui n'est pas la sienne, et dont il sera un membre à la fois plus instruit et mécontent ; il deviendra ainsi un ferment de bouleversement social, il excitera les classes les unes contre les autres ; il en résultera une agitation extrême, et à chaque chute nouvelle, comme d'un corps étranger, le marais humain se verra troublé quelque temps sans aucun profit. Or, cet intérêt si vif de la Société d'empêcher ces chutes fré-

quentes ouvre un droit pour elle : elle doit veiller à sa propre conservation, à sa propre santé, écarter les obstacles, et dans ce but
prévenir tous déclassements brusques des individus.

Le même intérêt et le même droit existent quand il s'agit de
ceux qui n'ont d'autre capital que leur travail. Sans doute, il ne
peut y avoir alors de déclassement proprement dit. Mais il existe
un dommage tant pour l'individu que pour la Société. Le premier
peut passer de l'aisance relative résultant d'un travail fructueux à
la misère absolue et à toutes ses conséquences ; et même il existe
ainsi un certain déclassement, car la pauvreté elle-même a plusieurs niveaux ; bien au-dessous des travailleurs se trouvent les
incapables de travail, et au-dessous ceux qui ont cherché des ressources dans la mendicité et dans le crime : on peut descendre
d'un de ces niveaux profonds à l'autre comme dans l'Enfer du
Dante. En tout cas, le travailleur réduit à cet état regrettera qu'on
ne l'ait pas contraint autrefois par une assurance obligatoire à
acquérir pour toujours l'équivalent de son travail. Il aurait dû
contracter cette assurance lui-même, de même que celui qui possède un patrimoine aurait dû en réserver une partie, mais il ne
l'a pas fait, et la loi aurait pu le faire pour lui. Ce n'est pas tout ; la
Société elle-même a intérêt et droit à lui faire opérer cette réserve
en travail ou en équivalent. En effet, l'indigent absolu va ou périr
ou tomber à sa charge. Dans un pays civilisé, c'est le second de
ces résultats qui doit se produire, et alors les hôpitaux, les hospices, vont être combles, les secours à domicile se multiplier. La
Société a le droit de se décharger d'avance en imposant l'assurance aux travailleurs.

Il faut donc prendre le contre-pied du principe absolu actuel.
Non, l'homme, même isolé, n'est pas entièrement libre de son capital ni de son travail ; il doit en réserver au moins une partie
au profit de lui-même. Il a intérêt et droit à cette réserve, et s'il
faut, pour qu'un droit existe, deux personnes, on les obtient en dé-
composant dans le temps la personnalité humaine, l'homme de
demain a droit contre l'homme d'aujourd'hui. De plus, la Société a un intérêt et un droit propres à cette réserve, à cette indisponibilité partielle.

Mais il existe à ce principe nouveau plusieurs restrictions ou plutôt plusieurs conditionnements naturels.

Le premier, c'est que l'indisponibilité ne doit pas être totale ;

autrement l'homme de demain serait le perpétuel esclave de l'homme d'hier ; l'individu serait sacrifié aussi à la société ; les biens deviendraient immobilisés à leur propre préjudice ; enfin toute l'initiative humaine, si féconde, serait détruite ; on retournerait aux anciens stades de civilisation par un regrés funeste. L'individu serait lui-même lésé, car ce n'est qu'en employant, en exposant un capital, que les entreprises, soit industrielles, soit commerciales, deviennent possibles. Il faut même que la portion indisponible du patrimoine ne soit pas trop considérable, car la liberté est le principe, et les divers liens établis dans l'intérêt soit individuel, soit social, doivent être limités.

Le second, c'est que l'indisponibilité ne doit frapper en général que les biens hérités et non les acquêts. Cette distinction a profondément pénétré dans la conscience de tous les peuples. Tandis que les immeubles formant le patrimoine de la famille doivent passer de descendants en descendants, et à défaut remonter à travers les ascendants aux collatéraux, descendants de ceux-ci, et qu'il serait inique de les en détourner, soit par des libéralités, soit par des aliénations mêmes, l'homme reste entièrement libre de ce qu'il a lui-même gagné. Cet instinct, qui trouve surtout son application en cas de mariage et d'existence d'enfants, ne disparaît pas entièrement, lorsqu'il s'agit de l'individu isolé. Il ne doit pas dissiper les biens de ses ancêtres, qui lui ont été transmis pour conserver sa dignité et sa vie, mais il est libre de disposer de tout le reste.

Le troisième conditionnement, c'est que le capital doit avoir une certaine importance ; s'il est insignifiant, son meilleur emploi c'est de le risquer, s'il le faut, dans une entreprise raisonnable. Le principe de réserve s'applique encore, mais non plus au capital, au travail seulement, par les diverses assurances.

Enfin un dernier conditionnement, c'est d'avertir préalablement les tiers par une publicité appropriée ; autrement on les tromperait et on pourrait s'enrichir à leurs dépens. Si la transmission est soumise au régime hypothécaire, l'inaliénabilité, l'insaisissabilité doivent y être soumises aussi. Il est inutile d'insister sur ce point.

Le principe de l'indivisibilité à son tour doit avoir un conditionnement qu'on peut, du reste, considérer comme sous-entendu. C'est qu'il n'en résulte pas de lésion pour les enfants ou l'un d'entre eux. Rien de plus juste que l'attribution par le père de famille à

l'un d'eux seulement de toute l'exploitation agricole ou indus
trielle, mais à la condition que celui-ci verse à ses frères et sœurs
la valeur approximative de leur part ou leur donne une garantie
dans ce but. En cela l'indivisibilité nouvelle se distinguera de
celle de l'ancien droit.

Sous ces conditions, la réserve personnelle a sa raison d'être.
Son but essentiel est de préserver de la ruine totale, d'empêcher
le déclassement quand il s'agit du capital, de préserver de la misère, d'empêcher la mendicité quand il s'agit du travail. Mais à
l'observateur attentif un second but apparaît à côté du premier. Il
ne s'agit plus d'arrêter sur sa pente la fortune descendante, mais,
à l'inverse, de soutenir pendant quelque temps la fortune ascendante, de lui aider lorsqu'elle est en voie de formation, de faire
qu'au moins aucun tiers ne puisse inopportunément la détruire
dans son germe. Telle est l'idée maîtresse de l'*homestead*. Le colon
à l'intérieur va défricher des lots de terre inculte. Réussira-t-il
dans son entreprise? Si oui, il deviendra riche. Si non, voilà ses
modestes ressources rapidement dévorées. Il lui faudrait s'assurer
que, pendant qu'il marche en avant, derrière lui se trouve garantis un foyer convenable, un minimum de terre, un morceau de
pain en cas d'échec. S'il a cette certitude, il continuera d'entreprendre avec courage, ne se laissera pas facilement désespérer.
Il veut conserver le droit de vendre, mais il ne faut pas qu'on le
saisisse. En dehors de cette institution, en France, par exemple, le
petit commerçant a vite dévoré ses ressources et est réduit à son
seul travail; de même le petit cultivateur. Ils montent péniblement quelques échelons, puis descendent; il eût mieux valu ne
pas monter du tout. Que la loi ne leur a-t-elle créé une réserve !

Tel est l'intérêt de la réserve personnelle pour l'individu isolé,
mais il devient bien plus grand et le droit s'accroît en même
temps, lorsqu'il est marié.

La condition de la femme dans le mariage, au point de vue de
ses intérêts pécuniaires, a varié suivant les temps et les pays et
aussi dans le même pays et le même temps suivant les régimes.
Mais partout et toujours non seulement elle est très inférieure à
celle de l'homme, mais les plus grandes garanties qu'on a songé à
lui donner contre les abus de pouvoir du mari sont peu efficaces.
Ce n'est que dans le régime dotal seul qu'on est venu véritable-
ment à son secours; car c'est le seul régime où l'on regarde comme

non avenue même sa propre volonté influencée par celle de son mari lorsqu'il en résulte pour elle un préjudice. Toutes les fois que la femme, même munie de tous droits, possède celui d'y renoncer, tous ses droits sont vains, parce qu'elle n'est pas vraiment libre. Comment pourrait-elle refuser à celui qui l'y contraint, même à celui qui l'en prie, et auquel elle est liée par les liens les plus intimes, la vente ou l'affectation de ses biens, ou une obligation solidaire? Elle saura souvent qu'elle prépare ainsi peut-être sa ruine et celle de ses enfants, mais elle ne consent que peu à peu, en diverses fois, et d'ailleurs estime que cela est nécessaire; elle accomplit un sacrifice, elle se dévoue une fois de plus.

Cependant la loi vient à son secours avec une certaine sollicitude, mais d'une manière très maladroite. D'abord, par le régime dotal, excellent en lui-même, mais à la fois excessif et facile à éluder. Excessif, car le patrimoine entier devient ainsi indisponible. Toutes les entreprises seront faites avec le seul patrimoine du mari. La femme devra se retrancher dans un égoïsme un peu choquant, et même quelque peu injuste, car aujourd'hui par un luxe excessif elle est souvent le principal auteur des dépenses. De plus, le système est facile à éluder. L'aliénation, la vente avec remploi peuvent être autorisées par justice, dans des cas déterminés, il est vrai, mais l'autorisation est facilement donnée, et le régime n'est plus qu'apparent. Une autre garantie est l'hypothèque légale, mais il faut pour cela que la fortune du mari se compose d'immeubles: or il existe de riches patrimoines, entièrement mobiliers. Puis, ce qui est plus grave, la femme mariée renonce à son hypothèque légale au profit de créanciers et d'acquéreurs.

Le patrimoine de la femme est cependant, s'il est conservé, celui futur des enfants. C'est la pierre angulaire du foyer de famille. Le mari dépense et risque, il est même souvent contraint de le faire. Il faudrait qu'en tout cas la fortune de la mère, en tout ou en partie, leur restât.

Dans ce but, il serait juste de rendre indisponible non pas la totalité, mais une partie des biens de la femme mariée. Elle devrait avoir une réserve particulière et cette réserve serait frappée d'une indisponibilité absolue et efficace, plus étendue que celle qui frappe le patrimoine de l'individu isolé, parce que les entraînements sont plus grands.

Ils le sont tellement qu'on peut considérer la femme mariée vis-à-vis de son mari comme privée de liberté, et son consentement comme nul, tellement d'autre part que c'est l'existence future des enfants qui se trouve compromise du même coup. N'admettrait-on pas l'indisponibilité d'une partie du patrimoine de l'individu isolé, qu'on devrait admettre celle-ci. Nous verrons plus tard par quels moyens on pourrait y parvenir.

Ce n'est pas tout ; dans les pays où règne le régime de la communauté, il n'est pas juste que le mari puisse disposer intégralement de cette communauté sans le consentement de sa femme, car si elle n'a pas de biens propres, il peut la ruiner ainsi aisément, ni même avec son consentement, car celui-ci sera toujours donné. Il faudrait que cette communauté fût indisponible dans la même mesure que les biens de la femme ou au moins que ceux du mari.

L'intérêt de la femme mariée est donc très grand à ce qu'elle ait une portion de biens indisponible, soit sur ses propres, soit sur les valeurs de communauté, indisponibles non seulement pour son mari, mais aussi pour elle. Mais est-ce aussi son droit ? Oui, évidemment, puisque l'individu isolé le possède. Il s'agit de justifier seulement que ce droit est plus étendu. Cette extension vient de la faiblesse de la femme, de sa dépendance, de l'influence excessive du mari. Il faut que tout cela soit contre-balancé par une plus grande fraction indisponible. Ajoutons que le déclassement qui résulte pour la femme de sa ruine totale est beaucoup plus grave. Elle souffre non seulement pour elle, mais pour ses enfants dont elle voit la déchéance, pour son mari, autant et plus que pour elle-même. Son travail est moins rémunérateur, sa santé plus faible ; la prostitution la guette à défaut de toutes ressources. Il faut qu'en l'absence d'autres, la loi vienne à son secours.

On doit même aller plus loin. Supposons que la femme n'ait aucun bien, que ceux de la communauté soient nuls, elle se trouvera dépourvue, déclassée sans remède. Est-ce juste ? Sans doute, son mari, comme individu, aura une réserve propre, mais faible, et d'ailleurs lui appartenant, qu'il ne serait tenu en tout cas que de partager avec elle, donc trop exiguë pour deux, à plus forte raison pour plusieurs, s'il existe des enfants. Il serait juste alors que la réserve du mari fût amplifiée, de sorte que la femme pauvre eût sur ses biens une réserve, sans entamer celle du mari.

A son tour l'enfant a-t-il droit à une réserve ? Ici le sens de ce mot change un peu de nature. Il ne s'agit plus de la réserve sur ses propres biens, mais sur ceux d'un autre. D'un autre côté, la réserve n'a plus le sens qui lui est donné par le droit français, et qui consiste à garantir l'enfant contre l'effet des libéralités de son père. Ici il s'agit de le garantir contre toutes dispositions, même les ventes, obligations et autres actes à titre onéreux. Etant partisan de la liberté testamentaire (1), comment pouvons-nous accorder à l'enfant ce droit à une part du patrimoine de son père ou de sa mère, même vivants? Tout d'abord ce droit existe indirectement jusqu'au décès du père ou de la mère, puisque ceux-ci ont une réserve qui profitera à l'enfant s'il n'en est pas disposé au profit d'un autre à titre gratuit et testamentaire. Puis nous pensons qu'à la réserve actuelle, à la légitime de l'enfant, si elle disparaît, doit succéder une pension alimentaire, car le père ou la mère n'ont pas le droit de le laisser sans ressources après eux, de le déclasser, de le rejeter, à moins qu'il n'existe une juste cause d'exhérédation. Mais pour que ce droit existe, il faut que ce soit un capital jusqu'au jour du décès; ce n'est qu'ensuite qu'il est convertible en une pension alimentaire convenable. Il n'y a donc pas contradiction à conclure en faveur de la liberté testamentaire, et cependant à une fraction indisponible au profit de l'enfant. D'ailleurs, cette indisponibilité doit être complète, et garantir aussi contre les actes à titre onéreux. Elle se confondra en fait avec la réserve des biens des père et mère établie au profit de ceux-ci.

L'enfant a intérêt et droit à cette réserve nouvelle, en sa qualité d'enfant. Il n'est pas juste que ses parents, après lui avoir donné la vie et l'avoir élevé dans un certain rang, l'abandonnent tout à coup; sa situation serait alors la plus misérable de toutes. Il faut qu'il soit assuré d'un certain minimum d'existence, que ses parents ne puissent se ruiner complètement eux-mêmes à son détriment. *Le droit de l'homme, celui de la femme, celui de l'enfant, sont trois droits connexes et qui se pénètrent.*

Mais il existe un enfant sur qui sa situation spéciale appelle plus de sollicitude, c'est celui *d'un premier lit.* Il est exposé non seulement à l'antipathie du nouvel époux, mais aussi à la désaffection de son père ou de sa mère, du survivant. Si on le traite encore assez bien physiquement et moralement, il sera presque toujours sacrifié éco-

(1) Voir notre étude sur *La liberté de tester* dans *la Réforme sociale* de juillet, août et septembre 1897.

nomiquement; aussi la loi prend-elle quelques précautions à son profit, mais insuffisantes. Il a cependant droit à une énergique intervention, car il n'a plus de protecteur. Lorsque le conjoint survivant se remarie, il devrait laisser aux enfants du premier lit, surtout lorsqu'ils n'ont pas de fortune du côté du prédécédé, une partie de son propre patrimoine, laquelle devrait leur être immédiatement acquise.

Il en est de même en cas de divorce. Les époux divorcés, lorsqu'ils contractent un nouveau mariage, devraient laisser immédiatement aux enfants issus du mariage dissous une part de leur patrimoine. Plusieurs législations sont en ce sens.

Il est un dernier droit de la plus haute importance, quoique souvent méconnu, c'est celui de la famille dans son ensemble; ce droit d'ailleurs est très distinct de celui de l'enfant. C'est le droit anthropologique de la race. L'enfant est le continuateur à la fois du père et de la mère; le petit enfant continue pour la même raison ceux-ci; cette continuité est matérielle. En collatérale, c'est l'ancêtre qu'on retrouve dans le frère ou le neveu. Le même embryon a donné naissance à des branches qui se subdivisent à leur tour, et le type persiste. L'hérédité d'ailleurs prouve sa force vivace par les maladies, les prédispositions de toutes sortes. Aussi la race, après avoir été reléguée au second plan, est considérée maintenant comme un des facteurs principaux de l'histoire.

L'intérêt collectif de la race est que la famille conserve toujours, autant que possible, un minimum de situation sociale. Il serait pénible à l'ascendant de prévoir la chute de son fils, mais aussi celle de son petit-fils. Il ne borne pas au premier degré sa sollicitude d'outre-tombe. Ce n'est pas non plus l'héritage de son père seul, mais celui de tous ses ancêtres qu'il avait recueilli.

La conscience populaire s'est faite chez tous les peuples l'écho de cette idée juste; beaucoup de législations l'ont suivie aussi en faisant deux parts dans le patrimoine : les biens acquis par le *de cujus*, dont il a l'entière ou presque entière disposition, et ceux dont il a hérité. Pour ces derniers, il n'y a entre ses mains qu'un dépôt de famille, il n'est qu'un usufruitier *sui generis*. Lorsque par le mariage les biens passent, comme on dit, d'une famille à une autre, cela est considéré comme une anomalie et une sorte de calamité. On évite que ce résultat se produise, tant qu'il n'est pas la conséquence forcée d'une sériation de successions incidentes. Chacun se sent d'ailleurs comme responsable de sa ruine, non pas seulement envers soi-même, mais envers les siens, quand il s'agit d'une fortune reçue.

Le droit de la race est double, il est en cela distinct du droit de l'enfant, qu'il ne tend plus seulement à la conservation des objets composant le patrimoine, mais aussi à sa non-pulvérisation par une division excessive. En effet, le diviser de plus en plus à chaque génération, c'est le détruire, quand même on en aurait conservé avec soin les éléments. L'enfant ne déchoit pas toujours alors, car si les descendants ne sont pas nombreux à la première génération, chacun d'eux a encore une part suffisante, mais à la seconde la déchéance pourra devenir complète, non pour les petits-enfants qui ne tomberont que d'une position déjà diminuée, mais pour la race, être inconscient et collectif, mais réel, qui ne se ressemblera plus à elle-même, privée de ses conditions économiques primitives.

Aussi a-t-on cherché à maintenir sa situation par un double procédé, d'abord en rendant, au moins pendant plusieurs générations, tout ou partie du patrimoine inaliénable et insaisissable; on obtenait l'un et l'autre résultat d'un seul coup au moyen de substitutions fidéicommissaires faites d'avance par l'auteur commun pour une ou plusieurs générations, ou bien par l'usage de ne la faire que pour la génération suivante immédiate, sauf à celle-ci à la renouveler à son tour. L'autre résultat avait été obtenu par le droit d'aînesse, à la charge par l'aîné de concourir à l'entretien de ses frères et sœurs. Le patrimoine restait ainsi toujours non diminué dans la même famille. Cependant le système ne fut jamais intégralement appliqué; il ne l'était qu'aux biens héréditaires; les acquêts et les meubles en étaient exclus.

Tel est le droit de la famille, indépendant de ceux de l'homme, de la femme, de l'enfant; il est permanent. Si on le méconnaît, comme le font les lois actuelles en France, la famille n'est plus un être existant par lui-même; économiquement au moins, il n'y en a plus.

Existe-t-elle d'ailleurs bien réellement? La famille est-elle une collection d'unités infraposées les unes aux autres, ou, au contraire, une entité véritable? Cette question est débattue, et son examen se rattache à une question parallèle, celle de savoir si la Société a aussi une existence réelle, distincte de celle des membres qui la composent. C'est la question de la théorie organique. Cette théorie apparaît aussi en matière de famille. Nous croyons que la famille existe aussi à ce titre, et dès lors elle a son intérêt, son droit propres. Le mérite de l'aïeul, ou son démérite, rejaillit, quoi qu'on fasse, sur le descendant, de même que sa santé ; le patrimoine suit à son tour ; il n'en résulte pas que le descendant doive être puni pour la faute de l'ancêtre par des moyens juridiques, mais il le sera souvent par voie mécanique de tare héréditaire : de même, la fortune acquise devra lui profiter. La famille, la race, est réellement un être vivant, ou mieux, permanent, tant que l'élément matériel de l'existence d'une personne issue ne lui fait pas défaut.

L'indivisibilité du patrimoine de la famille entraîne, par voie de conséquence, celle des immeubles ou valeurs qui le composent, et bientôt cette indivisibilité, lorsqu'elle est descendue sur certains objets, y prend un caractère propre. Elle a lieu dans l'intérêt de ces objets eux-mêmes, dans le but de les rendre et de les maintenir productifs et d'assurer leur conservation. Par exemple, le bien de famille se compose d'un immeuble sur lequel le père a une exploitation agricole. Il importe, pour ne pas faire déchoir la race, que cet immeuble composant le patrimoine reste en la possession d'un seul ; mais cela n'importe pas moins dans l'intérêt de l'immeuble lui-même, de sa bonne culture. Divisé, il n'aura plus dans chacune de ses parties les éléments nécessaires pour être cultivé à peu de frais, avec le plus de rendement possible. Il en est de même de l'exploitation industrielle ou commerciale. Une maison de commerce, d'ailleurs, ne peut être divisée, il faut qu'elle soit licitée : elle passe à des étrangers, elle perd par ce fait même une partie de sa valeur. Aussi est-il souvent expédient que le père en mourant indique lequel de ses enfants continuera l'exploitation. C'est le principe même de l'*hoferecht*.

L'individu, l'époux, l'enfant, la famille elle-même dans son entité ont intérêt et droit à l'établissement d'une partie indisponible, et cette dernière à celui d'une partie indivisible du patrimoine-capital ; ils l'ont également à l'érection d'une partie indisponible du patrimoine-travail. Nous avons déjà discuté ce point en ce qui concerne l'individu. D'un côté, le résultat de son travail doit être assuré contre les poursuites par une certaine insaisissabilité ; de même, les instruments de ce travail ; de l'autre, le potentiel du travail doit l'être par des assurances contre la mort, les accidents, la maladie et la vieillesse. Il faut aller plus loin dans cet ordre d'idées. L'individu marié, si c'est un homme dont le travail fait vivre la communauté, doit assurer sa femme aussi et ses enfants, tant qu'ils ne sont pas d'âge de travailler, contre les risques de l'accident survenu à lui-même. La famille seule n'a pas droit à cette prévoyance, elle en profite cependant indirectement par l'intermédiaire des enfants.

Pour la conservation du patrimoine, soit capital, soit travail, soit en simple potentiel, soit en voie de formation, soit consolidée, nous n'avons compris jusqu'ici, pour ne pas compliquer, que deux moyens : l'*incessibilité* et l'*insaisissabilité*. Il en existe un troisième que nous n'avons appliqué qu'au patrimoine-travail, mais qui doit l'être aussi au patrimoine-capital : c'est l'*assurance*. En ce qui concerne le patrimoine-travail, elle prend le nom d'assurance-vie ; en ce qui concerne le patrimoine-capital, les assurances sont diverses : contre l'incendie, la grêle, la foudre, etc. Nous ne voulons es rappeler ici que pour ordre. Mais elles constituent, pour que la conservation soit complète, avec les deux autres, une *trilogie logique*. A quoi bon édicter que tel immeuble ne pourra être saisi, qu'il ne pourra même être aliéné ou grevé, si, étant bâti, il périt dans un incendie ?

Nous venons de poser les bases rationnelles de l'indisponibilité du patrimoine dans ses moyens : incessibilité, insaisissabilité, auxquels il faut joindre l'imprescriptibilité, puis celles de son indivisibilité et de son assurance, de manière à pouvoir former une véritable réserve pour l'individu, l'épouse, l'enfant, la famille, que le patrimoine soit actuel ou simplement virtuel, qu'il consiste en capital ou en travail. Bien entendu, cette indisponibilité, cette indivisibilité ne doivent être que partielles, car autrement on arriverait au résultat le plus désastreux : figer toute activité et toute initiative, et la mesure doit en être modérée ; ce doit être une véritable, une simple réserve, une dernière ressource, un point d'arrêt qui empêche la chute et le déclassement.

Mais elles doivent satisfaire aussi à une autre condition. Il ne faut pas, sauf en ce qui concerne l'indivisibilité de certains biens formant une exploitation, que le principe d'indisponibilité mette obstacle à la libre circulation des biens, car les biens eux-mêmes en souffriraient et par là même le bien-être général, ils resteraient dans des mains paresseuses, forcées de les garder et deviendraient inféconds. Les inconvénients actuels du régime dotal font vivement sentir cette vérité ; aussi n'est-il plus guère usité qu'en facilitant la faculté de remploi. Il faut et il suffit que le patrimoine, jusqu'à concurrence d'une certaine quotité, ne puisse être dépensé ; mais on doit pouvoir en modifier la composition pourvu que les changements ne soient pas préjudiciables. Cela est d'autant plus nécessaire qu'il existe aujourd'hui beaucoup de valeurs aléatoires, à cours variable, qui ne pourraient sans danger être conservées en nature. Il serait permis d'échanger les valeurs avec d'autres ou de les aliéner à charge de remploi, en prenant les mesures nécessaires pour que la loi ne soit pas éludée.

L'indisponibilité partielle que nous venons de décrire devrait exister dans toutes les familles sans exception, car les motifs qui la feraient instituer existent dans toutes ; cependant en pratique elle n'est utile que quand la famille est parvenue à un certain degré d'aisance, du moins en ce qui concerne le capital, car au-dessous elle n'aurait pas de résultat sérieux et serait trop lourde pour le réservataire. On ne contracte d'obligation sous ce rapport, même envers soi, que lorsqu'on possède quelques ressources. Il appartiendrait à une loi de fixer un minimum de fortune au-dessous duquel toute indisponibilité devrait disparaître. Resterait celle relative au travail et réalisée par l'assurance forcée.

Obligatoire pour tout le monde dans la mesure où elle serait admise, cette indisponibilité serait objective. Mais, à côté, devrait exister une *indisponibilité subjective* qui ne concernerait que quelques personnes, celles dont le consentement ne peut être parfait. Nous en avons aujourd'hui des amorces dans les incapacités légales qui frappent les mineurs, les interdits. Cette indisponibilité peut être d'ailleurs absolue ou relative. C'est ainsi que, d'après le sénatus-consulte Velléien, la femme mariée pouvait cautionner toute personne à l'exception de son mari. L'indisponibilité subjective devrait être amplifiée. Non seulement on devrait l'étendre à l'ivrogne, au joueur, etc., et celle relative à la femme mariée vis-à-vis de son mari ; mais celui qui se sent la volonté faible devrait avoir la faculté de réclamer lui-même son interdiction.

D'autre part, il serait juste que l'indisponibilité subjective pût être prononcée autrement que par justice, à la requête soit de la société ou de la famille, soit de l'incapable lui-même. Elle devrait pouvoir l'être par le père de famille, par exemple, au moyen d'une exhérédation *bona mente;* c'est un point sur lequel nous reviendrons.

Cette indisponibilité subjective a moins besoin d'être justifiée que celle objective, parce qu'elle est admise en principe par les législations et nous n'en traiterons qu'incidemment ; mais elle est aussi conforme aux droits et aux intérêts. C'est certes l'intérêt de l'incapable d'être protégé et même de se protéger contre lui-même. Son droit n'est pas moins évident, car il doit être relevé de sa faiblesse et sa situation égalisée par ce moyen avec celle des autres; le terme du droit romain est juste : le tuteur augmente son pupille.

Enfin il est une dernière sorte d'indisponibilité distincte des deux précédentes ; elle n'est pas objective, puisqu'elle ne s'applique pas à tout le monde ; elle n'est pas subjective, puisqu'elle ne dépend pas de la situation spéciale d'esprit ou de dépendance de la personne; c'est l'*indisponibilité volontaire*. Elle ne frappe pas l'ensemble ni une fraction du patrimoine, mais des biens particuliers. Son but est tantôt de laisser des ressources alimentaires, tantôt de protéger une fortune en voie de formation. Par exemple, dans le *homestead*, citoyen américain, je frappe d'indisponibilité mon foyer de famille, mon logis et les champs qui l'entourent. Par exemple encore, sous les législations qui le permettent, je stipule à mon profit une rente viagère insaisissable. Dans le premier cas, je veux mettre à l'abri de tout obstacle mon essai de faire fortune. Dans le second je désire m'assurer de ressources irréductibles, mais consistant en certaines valeurs seulement. L'institution d'indisponibilité est alors pleinement volontaire, c'est pourquoi à ma volonté je puis aussi la faire cesser.

Cette indisponibilité volontaire est de deux sortes ; la volonté qui l'institue est *expresse* ou *tacite*. Elle est expresse lorsque je l'ai formellement stipulée à mon profit. Elle est tacite lorsque la nature même de la convention et du droit indique qu'elle était nécessairement dans l'intention des parties. Il en est ainsi, par exemple, s'il s'agit d'une rente viagère ou d'un usufruit. Le code français admet bien ce résultat, mais seulement dans certains cas particuliers ; il faut le faire d'une manière générale. Lorsque je stipule une rente viagère pour moi, et surtout lorsque je le fais pour un autre, j'entends bien assurer par là des ressources qui dureront tout le temps de ma vie ou celle du bénéficiaire et je n'ai nulle intention de vendre ultérieurement ma rente, ce qui se fait à vil prix, ni de permettre qu'un de mes créanciers la saisisse, encore moins lorsque le bénéficiaire est autrui, que ce tiers en perde le bénéfice volontairement ou malgré lui. Dans ce cas, l'intention tacite est très claire. Au contraire, s'il s'agit d'un don en capital, il faut que l'indisponibilité soit stipulée.

L'indisponibilité volontaire peut émaner de la volonté du bénéficiaire lui-même ou de celle d'un tiers. Dans l'état juridique actuel, c'est le plus souvent un tiers qui la crée par cette volonté et c'est dans un acte de libéralité que sa volonté intervient. Celle qui émane du bénéficiaire lui-même est presque toujours interdite. Elle ne devrait pas l'être. Il est de l'intérêt et du droit de chacun de se réserver un morceau de pain, bien entendu, après avoir averti dûment les tiers. On conçoit que la réserve qui porte sur l'ensemble du patrimoine ne doive pas dériver de la volonté seule, mais lorsqu'elle n'affecte qu'un bien particulier, il n'y a pas de motif d'apporter d'entrave.

Lorsque l'indisponibilité se réalise dans l'insaisissabilité, c'est-à-dire lorsqu'elle consiste à ne pas permettre à un créancier de faire vendre le bien affecté, il y a lieu de se demander si elle doit être absolue, c'est-à-dire si certains créanciers ne doivent pas être exceptés. L'insaisissabilité est essentiellement alimentaire. Eh bien, certains créanciers le sont précisément pour cause d'aliments. Aliments contre aliments ! Lesquels doivent prévaloir ? Ceux du débiteur qui se les est dûment réservés ou ceux de ses créanciers ? Et ces créanciers alimentaires sont de deux sortes : ceux qui ont fourni eux-mêmes des aliments au débiteur, ils sont alors en quelque sorte subrogés à ses propres droits, puis ceux qui sont de la famille ascendante ou descendante et qui à ce titre ont droit à des aliments pour eux-mêmes. Ces deux classes de créanciers doivent-ils être préférés à leur débiteur et faire brèche à l'insaisissabilité ? La plupart des législations positives répondent affirmativement. La solution est juste pour les seconds dans une certaine mesure, car les aliments doivent se partager entre tous les ayants droit; elle l'est moins en ce qui concerne les premiers, car les admettre au partage de l'objet insaisissable, c'est rendre l'objet individuellement aliénable entre les mains du débiteur.

Lorsque l'insaisissabilité partielle est admise, nous verrons que les législations distinguent quant à ses effets entre les créanciers antérieurs et ceux postérieurs, si cette insaisissabilité a été stipulée par un tiers. On l'admet facilement vis-à-vis de ceux antérieurs qui ne devaient pas compter sur ce gage, plus difficilement vis-à-vis des autres. Cette distinction est injuste ; seulement les derniers doivent être avertis par une mesure de publicité.

Au point de vue théorique, en résumé, la réserve personnelle s'analyse en indisponibilité, indivisibilité, assurance. L'indisponibilité à son tour se compose de trois éléments : l'insaisissabilité, l'incessibilité et l'imprescriptibilité.

La réserve existe au profit de l'individu, de la femme mariée, de l'enfant, de la famille elle-même.

Elle porte soit sur le patrimoine, soit sur les objets particuliers ; dans ce dernier cas, elle existe aussi dans l'intérêt de ceux-ci.

Elle est objective et forcée, ou subjective et aussi forcée, ou volontaire, et dans ce dernier cas la volonté est expresse ou tacite ; dans le cas d'indisponibilité volontaire surtout, les tiers doivent être avertis. La volonté peut émaner du bénéficiaire ou d'un tiers.

Elle ne doit jamais être que partielle, et n'affecter le patrimoine qu'au-dessus d'un certain minimum.

Le but à atteindre est tantôt d'assurer un minimum d'existence, tantôt de protéger une fortune naissante. Elle peut tendre à frustrer les créanciers et à se créer sans droit une situation privilégiée ; c'est ce qui a lieu en France par suite de l'insaisissabilité des rentes sur l'État, mais c'est alors un résultat inique, une déviation du principe.

Maintenant nous devons observer soigneusement les amorces de ces principes qui existent dans les législations positives, soit anciennes, soit contemporaines, les en dégager, les synthétiser, et essayer de construire avec ces fragments l'édifice pratique de la réserve personnelle, de l'indisponibilité et de l'indivisibilité partielles du patrimoine au profit de l'individu et de la famille.

DEUXIÈME PARTIE. — L'EXPERIENCE

Il est essentiel, lorsqu'une institution paraît juste et n'est pas encore établie, de rechercher les traces qui peuvent en exister ou qui en existèrent autrefois ; le passé contient, ainsi que le présent, les amorces de l'avenir, de même qu'ils retiennent les vestiges du passé. Cette recherche a le double avantage d'apporter une expérience relative et en même temps de rassurer les esprits timorés qui redoutent une innovation complète. *Les vérités ont leurs ancêtres, comme les individus.*

Nous rechercherons successivement les amorces de l'indisponibilité et de l'indivisibilité du patrimoine : 1° dans le droit romain, 2° dans l'ancien droit, 3° dans le droit français actuel, 4° dans le droit étranger. Nous distinguerons dans chacun ce qui concerne le capital et ce qui concerne le travail.

I. — Droit romain.

Ce droit doit toujours être mis en vedette, parce que, pur ou mélangé, il est l'origine de la plupart des droits européens, parce qu'aussi il est un modèle, sinon toujours d'équité, au moins de grande logique.

Dans ce droit, aucune disposition ne concerne le travail, alors très infériorisé ; mais en ce qui a trait au capital, plusieurs institutions consacraient l'indisponibilité partielle.

D'abord l'indisponibilité subjective. Le dément, l'impubère, le mineur de vingt-cinq ans, le prodigue furent à diverses époques pourvus de représentants légaux ou assistés de curateurs, et ils ne purent disposer de leurs biens à moins d'autorisation. Ce système ne se forma pas d'un seul coup et comportait des distinctions qu'il serait hors de propos d'énumérer ici. Il équivaut, en somme, sous ce rapport, à celui de notre droit.

L'indisponibilité objective n'existait point. Les biens étaient cessibles et saisissables entre les mains de leur propriétaire, et le patrimoine se transmettait librement, du moins dans le premier état du droit ; le père de famille avait une faculté de disposition testamentaire absolue. Il est probable qu'à l'origine, comme partout ailleurs, mais à une époque inconnue, cette liberté était restreinte au profit des enfants par des réserves. La liberté testamentaire qui régnait à partir de la loi des Douze-Tables ne dura point toujours, elle fut restreinte à son tour par l'introduction de la légitime, jouant le même rôle que la réserve du droit français actuel et partant du même principe : de la *dette alimentaire consolidée*. Mais cette légitime ne protégeait l'enfant que contre les dispositions testamentaires ou à titre gratuit du père, il ne s'agissait donc pas de véritable indisponibilité.

La femme, au contraire, à partir du moment où la *manus* disparut et où le régime dotal s'introduisit, eut une véritable réserve personnelle sur ses propres biens, par l'inaliénabilité du fonds dotal. Elle ne put être ruinée par son mari, ni par elle-même ; cette réserve profitait indirectement aux enfants.

C'est une loi Julia qui introduisit la dotalité. Mais il est remarquable que jusqu'à Justinien le mari pouvait aliéner le fonds dotal avec le consentement de sa femme ; seulement il ne pouvait, hypothéquer, même avec ce consentement. Justinien établit l'inaliénabilité absolue.

La réserve personnelle de l'individu fut édifiée dans certains cas d'une manière curieuse sous le nom de *bénéfice de compétence*, bénéfice qui a disparu dans notre droit. Il y avait un tel bénéfice spécial accordé au donateur et un autre à celui qui avait fait cession de biens à ses créanciers, et ces bénéfices n'avaient pas été introduits intentionnellement, mais mécaniquement. C'est ainsi que le débiteur ne pouvait naturellement pas être poursuivi sur son nouveau patrimoine à la moindre acquisition, c'eût été tuer le gage dans son germe, il fallait une acquisition sérieuse, de là on vint à lui accorder un minimum de subsistance sur ses nouvelles ressources. Quant au donateur, comme la donation était plus fréquente d'ascendant à descendant et qu'il existait entre eux une créance alimentaire, cette créance dut être déduite du montant de la donation ; puis le bénéfice s'étendit même en dehors de cette hypothèse. En tout cas, l'exception *quod facere potest* est la racine du bénéfice de compétence ; elle avait pour résultat une condamnation restreinte à la consistance du patrimoine, et libérait ainsi de l'emprisonnement. Elle était accordée au patron poursuivi par son affranchi, à l'ascendant poursuivi par son descendant, à l'associé vis-à-vis de son coassocié, au mari vis-à-vis de sa femme quant à la restitution de la dot, à la femme envers son mari, au donateur actionné par le donataire, au militaire. La controverse subsiste sur la question de savoir si le bénéfice *quod facere potest* qui n'avait que cet effet a été converti par Justinien en véritable bénéfice de compétence laissant au débiteur de quoi vivre.

Une autre institution dans le même sens est la révocation de la donation pour cause de survenance d'enfant; mais elle était spéciale au patron.

Comme on le voit, il y a bien peu d'éléments à puiser dans le droit romain pour cette idée de l'indisponibilité; il n'y en a pas davantage en ce qui concerne l'indivisibilité, si ce n'est en ce qui concerne le pouvoir très étendu du père de famille de tester à sa guise.

II. — ANCIEN DROIT FRANÇAIS.

Au contraire, notre ancien droit français est très riche en institutions de réserves se réalisant par l'indivisibilité et l'indisponibilité du patrimoine capital. Il n'organise pas, il est vrai, de réserve individuelle proprement dite constituée par le bénéficiaire lui-même, mais il protège énergiquement, souvent excessivement, la femme, l'enfant, la famille dans son ensemble. C'est que les principes germaniques y sont bien plus favorables que ceux des romains, et qu'ils forment une partie considérable de notre ancien droit. Seul le travail n'est pas protégé par les assurances obligatoires, ni même celles volontaires.

Il faut distinguer l'*indisponibilité* et l'*indivisibilité*.

L'*indisponibilité subjective* est organisée à peu près comme dans le droit romain et dans notre droit actuel. La loi prive les incapables pour sanité d'esprit ou indépendance insuffisante du droit de disposer sans des autorisations spéciales et cette interdiction est au profit de l'individu.

Celle objective ne se réalise guère par la volonté du bénéficiaire lui-même. Le donateur conserve bien le bénéfice de compétence issu du droit romain, mais on ne songe pas à étendre cette idée.

Elle peut avoir lieu par la volonté d'un tiers, au moyen des substitutions que nous rappellerons tout à l'heure.

La réserve de la femme, qui implique une réserve de l'enfant, est, au contraire, organisée à nouveau d'une manière très complète pour la femme mariée en communauté, tandis qu'à la femme dotale on conserve les avantages conférés par le droit romain. C'est à la femme commune en biens que nous devons nous arrêter un moment.

Elle possède une réserve, non seulement dans le sens actuel de ce mot, c'est-à-dire comme garantie contre les actes gratuits, mais aussi comme garantie contre les actes à titre onéreux, grevant ainsi les biens du mari ou de la communauté d'indisponibilité totale dans une certaine mesure. Il s'agit du douaire. Le douaire dans certaines coutumes passe aux enfants; le droit de ceux-ci se greffe sur celui de leur mère. Il avait pour but d'assurer à la femme devenue veuve une situation en rapport avec celle qu'elle occupait auparavant; il s'agissait d'empêcher un déclassement. C'était originairement une constitution de dot faite par le mari à sa femme, le prix de la femme convenu avant le mariage, ce qui rattachait ce contrat à la vente. Cette dot fournie par le mari était constituée soit en propriété, soit en usufruit. A défaut de convention, la loi Ripuaire la fixait d'office. Au onzième siècle, le douaire de la femme consistait dans la moitié des immeubles du mari, soit en propriété, soit en usufruit, cette quotité devenait inaliénable entre les mains du mari. Au douzième siècle, les Assises de Jérusalem accordent entre nobles un douaire consistant en la moitié des meubles en propriété et la moitié des propres du mari en usufruit; entre bourgeois il n'y avait pas de douaire légal. Un édit de Philippe Auguste de 1214 eut pour but d'empêcher une pratique qui parvenait à éluder le douaire légal en constituant un douaire conventionnel insignifiant. Il en exigea s'élevant à l'usufruit de la moitié des biens possédés par le mari au jour du mariage. Cette quotité fut réduite à un tiers par Louis IX. La pratique l'étendit en accordant en outre à la femme la moitié des immeubles échus au mari pendant le mariage par succession ou donation en ligne directe ascendante. Ce qui est essentiel, c'est que les immeubles soumis au douaire de la femme ne pouvaient plus être aliénés sans son consentement exprès donné par acte solennel ou sous serment; et même la renonciation partielle était seule permise. Ce n'était donc point encore l'inaliénabilité absolue, mais cependant le mari ne pouvait plus disposer, même à titre onéreux, des biens affectés.

Mais à partir du quatorzième siècle le lien établi par le douaire se resserra encore davantage. Il fut garanti par une hypothèque légale sur tous les biens du mari, et à partir du jour du mariage les enfants acquiérant un droit de propriété sur les immeubles affectés, on ne pouvait les aliéner qu'avec leur consentement, et même ils ne pouvaient le donner s'ils étaient mineurs. Nous reviendrons tout à l'heure sur ce douaire des enfants. Voilà l'indisponibilité presque absolue, car pour aliéner il va falloir le consentement de toute la famille.

A partir du seizième siècle, le douaire est encore ou légal ou conventionnel ; toutes les coutumes n'admettent pas le premier, quelques-unes distinguent entre les roturiers et les nobles. La femme n'a en général des droits qu'en usufruit. Mais l'hypothèque légale les garantit et remonte au jour du mariage ; bien plus, si le mari vient à administrer mal, la femme peut demander de suite une pension égale à la moitié de la valeur du douaire ou à la moitié des revenus des immeubles sur lesquels il porte, c'est le demi-douaire ; d'après d'autres coutumes, elle pouvait même exiger la délivrance du capital. Ce douaire n'était pas considéré comme une donation. Il s'éteignait par le prédécès de la femme, mais c'est alors qu'avait lieu le douaire des enfants.

Ce dernier douaire est une institution plus curieuse encore, il assure des ressources aux enfants eux-mêmes. Il ne fut général que dans une période ancienne du droit. A partir du seizième siècle la plupart des coutumes ne reconnaissent plus que le douaire de la veuve ; par là même les enfants ne sont plus appelés à consentir lorsque le douaire est aliéné. Mais plusieurs coutumes conservèrent le douaire des enfants, entre autres, celle de Paris ; dans ce système le consentement des enfants restait nécessaire pour l'aliénation du douaire, qui était considéré comme leur appartenant en nue propriété, la femme en ayant seulement l'usufruit, et en cas de prédécès de la femme, les enfants devenaient pleins propriétaires. En outre, en cas de nouveau mariage du père, les biens n'étaient pas affectés au douaire de la seconde femme ni des enfants issus du second mariage. Ce douaire des enfants était garanti par une hypothèque légale grevant les biens de leur père et ceux de leur mère comme caution. Ils n'y avaient droit d'ailleurs qu'en renonçant à la succession. Les créanciers dont les créances étaient postérieures au mariage du père ne pouvaient être payés sur ces biens.

Ni le douaire de la femme, ni celui des enfants n'était spécial au régime de la communauté ; il existait même sous les coutumes qui excluaient ce régime, par exemple, celle de Normandie. Cependant les pays de droit écrit ne le connaissaient pas.

Telle est cette institution extrêmement curieuse qui réalise au profit de la femme et des enfants une réserve personnelle garantie par une indisponibilité non absolue, mais à une certaine époque presque absolue, des immeubles du mari. Il faut y ajouter la réserve personnelle de la femme sur ses propres biens résultant du régime dotal. Elle est d'autant plus à observer et à retenir qu'elle est beaucoup plus coutumière que féodale.

Au contraire, c'est sous l'empire des principes féodaux que le droit ancien organisa l'indisponibilité et l'indivisibilité au profit de l'ensemble de la famille, la première au moyen des substitutions, la seconde au moyen des droits d'aînesse et de primogéniture.

Le système des substitutions consiste à rendre inaliénables au profit des descendants de celui-ci les biens laissés à l'enfant mâle et aîné. Quelquefois cette inaliénabilité est de droit. La législation anglaise, restée féodale sur certains points, repose son organisation héréditaire sur ces substitutions. Le type en est le fief substitué *estate tail*, fief donné à un homme et à ses descendants de sorte qu'il passe successivement du premier titulaire à ses enfants, puis à ses descendants, à l'infini, à l'exclusion des ascendants et des collatéraux ; le possesseur actuel est un donataire grevé de substitution. Il y avait prohibition d'aliéner. Ce n'est que tardivement que la donation avec liberté d'aliéner devint usuelle. En France, l'ancien droit admettait que le disposant pût grever de substitution non seulement au profit des enfants du donataire, mais aussi à celui des descendants plus éloignés. Par ce moyen, l'immeuble devenait inaliénable, et par là insaisissable. Il n'y eut d'abord aucune limitation, mais l'ordonnance d'Orléans de 1560, celle de Moulins de 1566 et celle spéciale aux substitutions de 1747 les limitèrent à deux degrés, l'institution non comprise, jusqu'à ce que le droit intermédiaire les supprimât par la loi du 14 novembre 1792. La substitution demeura d'ailleurs toujours conventionnelle, il n'y eut pas de substitution légale. Mais l'usage lui donnait un caractère de perpétuité. Avant que le temps et les nombres de degrés de la première substitution fussent épuisés, on en créait une nouvelle.

Ce système de droit d'aînesse et de masculinité visait un autre but : l'indivisibilité du patrimoine. Celui-ci n'était ainsi jamais fractionné à la mort de son possesseur, l'aîné de ses fils recueillant soit la totalité, soit la plus grande partie en nature, sauf à faire à ses frères et sœurs une certaine part en argent, mais cela n'existait que dans la succession aux biens nobles. A partir du xve siècle le droit d'aînesse s'affaiblit, l'aîné eut droit seulement à un préciput comprenant le manoir plus une certaine quantité de terre et à une part avantageuse qui était, sous les coutumes de Paris et d'Orléans, des deux tiers quand il n'y avait que deux enfants et autrement de moitié. Ce droit était légal et forcé, à la différence de celui résultant des substitutions.

L'indisponibilité, l'indivisibilité du patrimoine au profit de la famille étaient donc fortement constituées ; il n'est pas question ici de la légitime et de la réserve qui ne visaient que la protection contre les dispositions à titre gratuit, et ne frappaient pas d'indisponibilité véritable. Elles étaient importantes aussi au profit de la femme et de l'enfant. Quant à la réserve individuelle, elle n'existait pas directement, mais celle indirecte résultant des substitutions était très effective.

Mais cette indisponibilité, cette indivisibilité étaient trop absolues et excessives ; elles favorisaient l'inertie, maintenaient la grande culture qui ne pouvait que rester extensive et conduisaient à perpétuer des privilèges que les nécessités ne justifiaient plus.

Aussi furent-elles complètement brisées par le droit intermédiaire.

III. — Droit français actuel.

Notre droit contient des amorces, mais très faibles de l'indivisibilité et de l'indisponibilité du patrimoine ; il faut pourtant soigneusement les recueillir.

Il faut distinguer le patrimoine capital et le patrimoine travail.

A. — *Patrimoine capital.*

En ce qui concerne l'indivisibilité, le Code n'a pas rétabli cette institution effacée entièrement par le droit intermédiaire ; il a craint, en le faisant, de restaurer le régime ancien. S'il s'est préoccupé, comme nous allons le voir, d'une indisponibilité dans certains cas au profit de certaines personnes, l'indivisibilité au profit de la famille elle-même, être abstrait, lui est restée antipathique. Il l'a interdite même au profit des enfants. Le père de famille ne peut, même dans un partage testamentaire, même dans un partage anticipé consenti avec les héritiers donataires, attribuer à un seul l'unique immeuble ou tous les immeubles, même à charge de compensation en argent. Une telle distribution ne pourrait être faite, même en ce qui concerne la portion disponible, à moins de disposer expressément de cette quotité disponible au profit des co-partageants et de mettre dans la réserve des biens de même nature. La divisibilité est donc complète; elle aboutit à la nécessité d'une licitation ou à la pulvérisation du patrimoine.

Aucune exception, quoique souvent réclamée, n'a été faite à cette règle inflexible. Bien plus, les cohéritiers ne peuvent même pas stipuler entre eux, ce qui était permis autrefois, la durée de l'indivision, ce qui était une indivisibilité temporaire, pour plus de cinq ans.

Cependant depuis, il est intervenu le 30 novembre 1894 une loi sur les habitations à bon marché qui a vraiment dérogé à ce principe. Lorsqu'une maison construite dans certaines conditions figure dans une succession et que cette maison est occupée, au moment du décès de l'acquéreur ou du constructeur, par le défunt, son conjoint ou l'un de ses enfants, les dispositions du Code civil sont modifiées de la manière suivante : 1° si le défunt laisse des descendants, l'indivision peut être maintenue, à la demande du conjoint ou de l'un de ses enfants, pendant cinq années à partir du décès; s'il se trouve des mineurs parmi eux, cette indivision peut être continuée pendant cinq ans à partir de la majorité de l'aîné des mineurs, sans que la durée, à moins de consentement unanime, puisse excéder dix ans. S'il n'y a pas de descendant, l'indivision peut être maintenue pendant cinq ans à compter du décès à la demande et au profit de l'époux survivant, s'il en est copropriétaire au moins pour la moitié et s'il habite la maison au moment du décès. Dans ces cas l'indivision est prononcée par le juge de paix après avis du conseil de famille. Cette disposition importante, mais soumise à trop de conditions, vise l'indivisibilité, mais temporaire, du patrimoine. Celle qui suit vise son indivisibilité définitive.

Chacun des cohéritiers et le conjoint survivant, s'il a un droit de copropriété, a la faculté de reprendre la maison sur estimation. Lorsque plusieurs intéressés sont en concours, la préférence est donnée à celui désigné par le défunt, puis à l'époux survivant, s'il est copropriétaire pour moitié au moins; toutes choses égales, la majorité des intéressés décide; à défaut, on tire au sort. Si l'estimation de la maison est contestée, elle est réglée par le comité des habitations à bon marché et homologuée par le juge de paix. Ainsi la maison n'appartiendra jamais qu'à un seul; il en deviendra le propriétaire exclusif, non sur adjudication, mais sur le prix d'estimation. Il y a là un grand pas fait vers l'indivisibilité. Il suffirait d'amplifier ces dispositions et de les étendre à tous les immeubles formant une exploitation agricole, industrielle ou commerciale, qu'on ne peut fractionner sans nuire à l'objet lui-même ou à son usage, et qui constitue en même temps un noyau ou foyer de famille. Un seul des membres de celle-ci serait attributaire, sans licitation, et continuerait l'exploitation paternelle. Le patrimoine n'est souvent composé que de cet objet, il deviendrait ainsi souvent indivisible. L'attribution n'étant plus faite de préférence au mâle ou à l'aîné, il n'y aurait aucun retour féodal à craindre.

Le droit français admet très rarement l'indisponibilité du patrimoine. Celle subjective existe en faveur du mineur, du prodigue, de l'interdit, en ce sens que l'aliénation n'est possible de leur part qu'en vertu d'autorisation spéciale. Mais la mise en tutelle ne peut être requise par l'incapable lui-même ; d'autre part, le père de famille ne peut, comme sous certaines législations, prendre lui-même des dispositions équivalentes à l'interdiction, même pour après son décès, au moins en tant que ces dispositions frapperaient la réserve.

Mais l'indisponibilité objective existe-t-elle ? Peut-on rendre soit le patrimoine, soit un objet, incessible ou insaisissable ? Y a-t-il des objets qui soient tels de plein droit ? Une personne peut-elle mettre ses biens hors du commerce ? Un tiers peut-il faire cette stipulation ?

Non, en général, mais il existe un certain nombre d'exceptions, nous allons les parcourir.

Tout d'abord l'ensemble du patrimoine peut, en cas de dévolution héréditaire, être rendu incessible et insaisissable de par la volonté du disposant entre les mains du bénéficiaire, au moyen des substitutions fidéicommissaires, lorsqu'elles sont permises. Or, elles le sont au profit des petits-enfants nés et à naître, et des petits-neveux et des petites-nièces aussi nés et à naître, mais on ne peut faire aucune exclusion contre l'un d'eux. Entre les mains de l'enfant ou du frère le bien devient indisponible, puisque l'int érima e doit conserver et rendre à son décès et a une position analogue à celle de l'usufruitier. Cette indisponibilité du patrimoine n'en entraîne pas l'indivisibilité, et précisément ne peut l'entraîner, puisqu'elle a pour condition de ne pouvoir profiter à un seul, à l'aîné ou au mâle des enfants. D'autre part, cette substitution est limitée quant au temps. Enfin elle ne peut porter sur la réserve, mais seulement sur la quotité disponible, ce qui en diminue l'importance.

Au contraire, l'indivisibilité, l'indisponibilité perpétuelles du patrimoine furent atteintes un moment par l'institution des majorats sous le premier Empire.

Des objets particuliers peuvent être rendus non pas indivisibles, mais indisponibles, c'est-à-dire inaliénables et incessibles en vertu non de la volonté de leur propriétaire, mais de celle d'un tiers, et aussi en vertu de la loi.

Celle-ci accorde l'insaisissabilité : 1° à certains objets mobiliers, en cas de saisie-exécution ; 2° à certaines créances en cas de saisie-arrêt ; 3° aux immeubles indivis ; 4° aux navires ; 5° à l'usufruit légal ; 6° aux biens du domaine public ; 7° aux rentes sur l'État et aux créances sur lui.

Le premier cas est établi par le Code de procédure civile dans son article 592. C'est une sorte de bénéfice de compétence. Le débiteur malheureux ne doit pas être privé de ce qui est nécessaire à son habillement, à son coucher, à son travail. La générosité du législateur n'est pas très grande, il est vrai qu'il l'aurait faite aux dépens des créanciers. Cependant, se préoccupant spécialement du débiteur agricole, il lui laisse certains animaux domestiques et quelques provisions. Le coucher et les vêtements sont insaisissables d'une manière absolue ; en ce qui concerne ceux-ci, le privilège est très étroit et ne comprend que les vêtements dont le saisi est couvert. Mais pour tous les autres objets, ils sont saisissables pour aliments fournis à la partie saisie, pour sommes dues aux fournisseurs ou vendeurs des objets, ou pour fermages des terres, ou loyers des maisons ; le bénéfice est ainsi bien réduit. Il y aurait lieu de l'étendre à tous les vêtements du saisi, de sa femme, de ses enfants ne dépassant pas les nécessités de sa situation, à tous ses instruments de travail sans exception, aux provisions de quelques jours, sans les faire primer par aucun autre droit. Ce point concerne la réserve personnelle, celle qui est relative à l'individu.

Certaines créances sont, comme les objets matériels, insaisissables de droit; nous ne parlons en ce moment que de celles qui ne sont pas étroitement liées au travail. L'article 581 du Code de procédure civile en spécifie quelques-unes. Ce sont les sommes et pensions dues pour aliments, même quand le testament ou l'acte d'aliénation ne les déclare pas insaisissables. C'est, en réalité, un bénéfice de compétence. Ce motif ne suffirait cependant pas pour l'expliquer, car celui qui possède des meubles aurait droit alors à une réserve personnelle. Mais en même temps l'intention du disposant de rendre insaisissable se trouve présumée. Cependant l'immunité n'est pas complète. Les créanciers postérieurs à l'acte de donation ou à l'ouverture du legs peuvent saisir, les autres étant seuls exclus, mais seulement pour une portion à fixer par le juge.

Les immeubles indivis sont aliénables, mais ils ne sont pas saisissables tant que dure l'indivision; le créancier ne peut que provoquer le partage, il ne doit pas saisir davantage la part idéale.

Il en est de même des créanciers du navire dans un certain sens. Si l'hypothèque ne grève qu'une partie du navire, le créancier ne peut faire vendre que celle qui lui est affectée, à moins que cette part ne dépasse la moitié.

L'insaisissabilité de l'usufruit légal s'explique facilement par ce fait que les fruits doivent être employés par le père à l'entretien du mineur.

L'insaisissabilité des rentes sur l'État n'est pas rationnelle et est très inique, c'est cependant un des cas les plus pratiques. Le débiteur peut se jouer de ses créanciers, en plaçant tout son patrimoine de cette manière, et cependant il en conserve toute la disponibilité.

Cette insaisissabilité est absolue; les créanciers d'une succession ne peuvent même pas saisir à l'encontre des héritiers; les créanciers d'aliments sont eux-mêmes repoussés. On ne peut ne pas être frappé de ce contraste; les sommes placées à la caisse d'épargne qui sont la ressource du pauvre sont saisissables, celles en rentes sur l'État qui forment le patrimoine de personnes beaucoup plus riches sont insaisissables.

L'injustice de cette insaisissabilité a conduit la Cour de cassation à la restreindre par des distinctions extra-légales. C'est ainsi qu'elle décide dans un arrêt du 23 novembre 1897, conformément à ceux antérieurs des 2 et 16 juillet 1894, que cette insaisissabilité ne fait pas obstacle à ce que les créanciers fassent ordonner par justice la réalisation à leur profit des rentes sur l'État que leur débiteur est appelé à recueillir dans une succession dès qu'il n'y a pas lieu à saisie entre les mains du Trésor. Mais la jurisprudence administrative est contraire.

C'est l'intérêt de l'État qui a dominé et a causé cette injustice. C'est aussi en vertu de cet intérêt que sont insaisissables les sommes qui lui sont dues à quelque titre que ce soit, ainsi que celles que l'État doit aux entrepreneurs de travaux pnblics et aux sous-traitants des fournisseurs du ministère de la guerre. Cette insaisissabilité s'étend aux autres collectivités, aux communes, aux départements, aux hospices, aux fabriques.

Enfin le domaine public, c'est-à-dire celui affecté à un usage public, soit de l'Etat, soit des communes ou autres collectivités est inaliénable, mais sa désaffectation le rend aliénable de nouveau ; cette situation juridique n'est donc que temporaire. Il devient, pour ainsi dire, *tabou* par le fait de cet usage et tant que cet usage persiste. C'est le sens de la mise hors le commerce des choses *sacræ* ou *sanctæ* du droit romain. Il y a là une idée spéciale.

Tels sont les seuls objets du patrimoine capital indisponibles de plein droit en vertu de la loi.

Il en existe d'autres qui le sont en vertu de la volonté des particuliers.

C'est ainsi tout d'abord que le donateur ou le testateur peut déclarer la somme ou l'objet donné insaisissable entre les mains du donataire ; s'il le fait, on présume que sa libéralité a eu lieu dans un but alimentaire. Mais on ne peut prolonger cette insaisissabilité au delà de la vie du donataire. Malgré cet effet juridique les créanciers postérieurs peuvent saisir partiellement en vertu d'une permission du juge ; ceux antérieurs sont seuls exclus. En outre, on peut saisir pour cause d'aliments et pour la totalité, même si la cause est antérieure.

Le donateur ou le testateur peut-il déclarer l'objet inaliénable ?

Aucun texte ne lui donne ce pouvoir, et on décide qu'il ne le peut que si cette inaliénabilité a été stipulée dans son propre intérêt. Ainsi il y a un désaccord peu logique entre ces deux branches de l'indisponibilité.

Il peut aussi rendre insaisissables les rentes viagères qu'il constitue par donation ou legs, à charge de déclarer cette insaisissabilité. Faute de cette déclaration, la rente viagère serait saisissable. On ne s'explique guère la nécessité de cette déclaration expresse. Du reste, cette insaisissabilité est soumise aux mêmes restrictions que tout à l'heure.

La faculté pour le donateur de rendre insaisissables les objets autres que les sommes et les rentes viagères par lui données, et celle de rendre incessibles même ces objets n'est point réglée nettement par la loi française et ouvre des controverses.

La prohibition d'aliéner que les donations ou les legs contiennent souvent est nulle et réputée non écrite (Cassation 19 mars 1877 et 20 mai 1879) à moins qu'elle n'ait lieu dans l'intérêt sérieux d'un tiers ou du disposant. Il y a intérêt suffisant de sa part, par exemple, pour exercer un droit de retour, ou en cas de réserve de l'usufruit, pour que la vente de la nue propriété ne puisse pas le troubler, ou pour assurer le service de sa rente viagère. Il y a intérêt d'un tiers quand il s'agit de faciliter l'exercice d'une rente viagère ou d'un usufruit à son profit. L'accord cesse quand la prohibition est faite dans l'intérêt du donataire lui-même ; un arrêt de cassation du 19 mars 1877 l'annule. Cependant d'autres arrêts ont validé l'interdiction temporaire.

Lorsque la clause d'incessibilité est licite, elle entraîne l'insaisissabilité. Celle-ci peut-elle être directement stipulée ? La jurisprudence (Cassation, 10 mars 1852, 20 décembre 1864) l'admet, mais seulement vis-à-vis des créanciers antérieurs. Cette solution est vivement contestée en doctrine, surtout en ce qui concerne les immeubles qui ne peuvent rentrer dans la formule de l'article 581 du Code de procédure civile.

Le donateur ne pourrait constituer ni un objet ni une rente viagère insaisissable à son profit.

D'autre part, un vendeur ou celui qui constitue à titre onéreux un usufruit ou une rente viagère à son profit propre, à celui du cocontractant, ou à celui d'un tiers, ne pourrait stipuler l'insaisissabilité, encore moins l'inaliénabilité. Il ne le pourrait même pas en énonçant que la cause est alimentaire. Il en résulte que les créanciers de l'usufruitier ou du crédi-rentier pourront faire vendre l'usufruit ou la rente, ce qui a toujours lieu à vil prix.

L'insaisissabilité volontaire est donc très rare en ce qui concerne les objets particuliers, l'inaliénabilité est nulle. Mais il existe cependant un cas important où cette inaliénabilité et cette insaisissabilité dominent complètement; c'est celui du contrat de mariage dotal. Adoptant le principe du droit romain dans son dernier état, conservé à travers l'ancien droit, le droit français moderne admet ce régime complet. Les conséquences en sont trop connues pour que nous ayons à les décrire ici en détail. Il s'étend même aux meubles en ce sens que la femme dotale ne peut renoncer à ses reprises ni à l'hypothèque légale qui les garantit ni y subroger. La réserve personnelle que notre code n'institue pas au profit de l'individu, si ce n'est dans les cas très rares que nous venons d'indiquer, qu'elle n'institue pas au profit de l'enfant, puisque la réserve de celui-ci n'existe que contre les dispositions gratuites et non contre celles à titre onéreux, qu'elle institue imparfaitement au profit de la famille en son ensemble au moyen de substitutions ne pouvant dépasser un degré ni affecter la réserve, il semble l'organiser d'une manière parfaite au profit de la femme mariée sous le régime dotal et lui conserver sa fortune, ainsi qu'à ses enfants. Seule, la femme commune en biens se trouve avoir perdu la réserve que lui assurait le douaire.

Cependant le régime dotal est imparfait, parce qu'on en élude assez facilement les règles. La faculté d'aliéner moyennant remploi généralement concédée donne lieu à de nombreux abus, on remplace l'immeuble vendu par un autre d'une valeur beaucoup moindre et même à peu près nulle, et l'on trompe le tribunal, si celui-ci doit autoriser, par des expertises mensongères. D'ailleurs, dans des cas de besoin extrême, l'aliénation est permise sous condition d'autorisation ; une telle situation qu'il est facile de créer force la main pour autoriser. Ces exceptions nombreuses détruisent la règle et se traduisent en formalités et en frais. En ce qui concerne la dot mobilière, la dotalité est plus facilement éludée encore ; elle consiste dans l'incessibilité de l'hypothèque légale. La femme ne peut donc renoncer à cette hypothèque, mais, tant que celle-ci n'est pas inscrite, ce qui est le cas le plus fréquent, le mari peut vendre les biens propres ; l'acquéreur procédera aux formalités de purge légale ; ni la femme, ni le mari ne prendront inscription, et l'immeuble sera purgé, ce qui revient à dire que la dotalité de l'action en reprise sera indirectement effacée.

L'inaliénabilité dotale entraîne l'imprescriptibilité. Cette dernière branche de l'indisponibilité accompagne, en effet, ordinairement les deux autres, par exemple relativement aux immeubles des mineurs.

Notre code établit des cas d'inaliénabilité relative, et on peut encore les considérer comme une réserve assurée à la personne, mais seulement vis-à-vis de telle autre. C'est ainsi que la vente ne peut avoir lieu entre époux que dans des cas exceptionnels indiqués par l'article 1595, mais la dispense est faite plutôt au profit des héritiers lésés, et parce qu'il peut y avoir un avantage indirect.

Comme corollaire, la prescription ne court pas entre époux ; elle ne court pas non plus au profit des tiers si leur action peut réfléchir contre le mari du chef de la femme.

Une réserve peut être établie au profit de certaines personnes, membres de la famille, de la femme, des enfants, de manière à frapper les biens du chef d'une certaine indisponibilité, même pendant sa vie. C'est ce que, dans le droit germanique, on appelle, en matière successorale, la réserve extraordinaire. Il s'agit de faire tomber les donations consenties par le de cujus, si celles-ci font échec à la légitime des héritiers. Mais ces derniers ne sont ainsi garantis que contre les actes à titre gratuit et non contre ceux à titre onéreux. En outre, si la légitime de l'héritier n'a pas été atteinte, l'aliénabilité sera valable ; enfin ce ne sera que dans certains cas que la réduction aura lieu en nature. Ce n'est donc point d'une réserve complète se doublant d'inaliénabilité absolue qu'il s'agit ici. C'est ce que nous appellerions volontiers la *demi-réserve*, elle est cependant d'une intensité plus forte que celle qui s'oppose aux simples legs.

La réserve personnelle qui compète à certaines personnes sur les biens de certaines autres peut donc être à trois degrés : 1° réserve contre les dispositions testamentaires; 2° réserve contre celles-ci et contre les donations; 3° réserve contre les précédentes et les dispositions à titre onéreux, ou réserve absolue.

C'est cette réserve absolue que le Code français organise enfin dans le retour conventionnel, distinct sur ce point du retour légal.

Le donateur peut stipuler que, si le donataire vient à prédécéder ou à prédécéder sans postérité, les biens lui reviendront, sans que celui-ci ait pu ni les vendre ni les grever, du moins ces aliénations tombent rétroactivement. Il y a une autre réserve absolue dans la révocation de la donation pour cause de survenance d'enfants, réserve d'une double nature profitant directement au donateur et indirectement à l'enfant né. Au contraire, il n'existe qu'une demi-réserve dans l'institution contractuelle au profit de l'institué, lequel n'est garanti que contre les dispositions à titre gratuit du disposant et non contre les autres.

Enfin on peut voir dans le réméré, mais qui n'a plus maintenant d'application pratique, une sorte de réserve individuelle, garantie au profit du vendeur par une indisponibilité éventuelle entre les mains de l'acquéreur. Il en a d'ailleurs le caractère moral, donnant à celui qui a aliéné, pour ainsi dire, un recours contre sa propre volonté.

Telles sont, croyons-nous, toutes les amorces de la réserve personnelle, garantie par l'indisponibilité ou l'indivisibilité, qu'on rencontre dans notre droit actuel, en ce qui concerne le patrimoine-capital ou les objets qui le composent.

B. — *Patrimoine-travail*

Mais d'autres amorces existent en ce qui concerne le patrimoine-travail ; et on sait combien ce patrimoine a pris maintenant d'importance ; il importe de les relever très attentivement, car si le capital est la fortune de quelques-uns, le travail est celle de tous.

Il faut distinguer ici : 1° les instruments de travail ; 2° le salaire et le patrimoine en voie de formation ; 3° le potentiel du travail garanti par l'assurance ; 4° le résultat de cette assurance en tant qu'il représente le travail absent.

D'autre part, comme en ce qui concerne le capital, la réserve personnelle appartient soit à l'individu, soit à la femme mariée, soit à l'enfant.

Enfin, elle peut être forcée et légale, ou simplement volontaire.

Le droit français s'occupe peu des instruments de travail et du capital en voie de formation entre les mains du travailleur. Quant aux instruments, on ne peut relever que les dispositions ci-dessus rappelées relatives à la saisie-exécution. Le législateur ne s'est pas proposé de protéger la fortune naissante résultant du travail, tandis que nous verrons à l'étranger d'importants efforts dans ce sens. On peut tout au plus rappeler les dispositions relatives au concordat. Lorsque les créanciers ont fait remise au failli concordataire d'une partie de leurs créances, ils ne peuvent plus le rechercher sur le patrimoine nouveau qu'il va se créer. Il protège, au contraire, le salaire contre la saisie.

Il reste deux éléments : 1° le salaire et le potentiel du travail garanti ; 2° le résultat de cette assurance.

Nous intervertirons cet ordre, et nous observerons l'indisponibilité et l'insaisissabilité en ce qui concerne : 1° le salaire ; 2° le résultat de la garantie contre l'impossibilité de travail, ou salaire par équivalence; 3° le potentiel de travail garanti à réserver sur le salaire.

a). — Réserve sur le salaire.

Le salaire de l'ouvrier, du fonctionnaire, de tout travailleur, doit-il être absolument libre entre ses mains ? Peut-on en disposer soit après qu'il a été gagné, soit d'avance ? Les créanciers peuvent-ils le saisir ? Et la Société a-t-elle le droit de les forcer à faire un prélèvement pour s'assurer contre le manque ou l'incapacité de travail ? Telles sont les questions que toutes les législations se posent.

Nous réservons la dernière pour l'examiner à propos du potentiel de travail.

En ce qui concerne la cessibilité :

Sous la législation antérieure, l'ouvrier pouvait librement aliéner son salaire, mais ce droit a été limité par la loi du 12 janvier 1895, d'une manière générale; les salaires des ouvriers et gens de service, ainsi que les traitements et appointements des employés ou commis et des fonctionnaires, lorsqu'ils ne dépassent pas 2,000 francs par an, ne peuvent être cédés par eux que jusqu'à concurrence d'un dixième, si ce n'est pour le payement des dettes alimentaires dues à des parents. En outre, l'article 4 défend toute compensation au profit des patrons entre le montant des salaires qu'ils doivent et le prix des fournitures par eux faites, à l'exception des outils et des matières données pour le travail.

En ce qui concerne l'insaisissabilité :

Pour le salaire des fonctionnaires, lequel porte le nom de traitement, la loi de ventôse an IX distingue : celui des fonctionnaires publics et employés civils dû par l'Etat est saisissable jusqu'à concurrence du cinquième sur les premiers mille francs, du quart sur les 5,000 qui suivent, du tiers sur ce qui dépasse 6,000 ; il en est de même pour les fonctionnaires salariés des administrations publiques, par exemple, les instituteurs communaux, employés d'octroi, cantonniers, secrétaires de mairie, percepteurs, receveurs municipaux. Suivant la loi du 19 pluviôse de l'an III, les traitements des sous-officiers et des soldats sont entièrement insaisissables ; ceux des officiers sont saisissables pour ce qui excède 600 francs et seulement pour un cinquième, sauf au Ministre de la Guerre la faculté d'autoriser une retenue plus forte. La solde des officiers de marine et des marins en activité ou en disponibilité est entièrement insaisissable, excepté en cas de débet ou pour cause d'aliments en vertu des articles 203, 205 et 214 du Code civil, d'après le décret du 11 août 1856. Les gages et salaires des matelots de la marine marchande sont insaisissables, si ce n'est pour loyer de maison, subsistances ou hardes, suivant l'ordonnance du 1er novembre 1745 ; mais les traitements ou salaires des capitaines, pilotes et officiers maritimes sont insaisissables.

Les soldes de réforme sont insaisissables aussi, sauf en cas de dette envers l'État et les corps, ou de dette alimentaire, mais dans ces derniers cas ils ne peuvent être saisis que jusqu'à concurrence d'un cinquième pour cause de débet et du tiers pour cause d'aliments. Les traitements des ecclésiastiques sont insaisissables en totalité. Quant aux indemnités, allocations et gratifications, elles sont insaisissables comme le traitement lui-même. La loi ne réglementait pas à ce point de vue le salaire des ouvriers et des autres employés. En pratique, mais extralégalement, le président du tribunal en permettait des saisies-arrêts et le tribunal limitait la saisie à une certaine quotité, ordinairement du cinquième.

Mais la loi du 12 janvier 1895 est venue combler cette lacune, au moins pour les ouvriers et gens de service, et en outre pour les employés et commis et les fonctionnaires dont le traitement ne dépasse pas deux mille francs. Ces traitements ne sont saisissables que jusqu'à concurrence du dixième, et ils ne peuvent être cédés que jusqu'à concurrence d'un autre dixième, de sorte que cession et saisies cumulées ne peuvent dépasser un cinquième ; mais cette double restriction n'existe plus pour les créances alimentaires. Enfin un autre dixième est réservé pour le remboursement des avances qui peuvent être faites par le patron. Les frais et les formalités de ces saisies sont simplifiés par cette loi.

D'autre part, le tiers du travail des détenus qui doit leur être réservé à leur sortie est insaisissable.

b). — *Réserve sur l'équivalent du salaire, la pension.*

Lorsque l'ouvrier, le fonctionnaire ne peuvent plus travailler, ils ont droit dans une plus ou moins forte mesure à une fraction de leur salaire ordinaire. Au moyen de quelles ressources obtiennent-ils ce droit ? C'est ce que nous allons examiner bientôt. Mais une fois obtenu, comment va se régler, au point de vue de la disponibilité, cet équivalent du salaire ? Son indisponibilité sera, en général, plus grande que celle du salaire lui-même, car il est moindre, et la personne est devenue plus nécessiteuse. D'ailleurs, cet équivalent n'est pas toujours une pension, mais quelquefois aussi un capital. Enfin la réserve doit profiter non seulement au titulaire primitif, mais à sa femme et à ses enfants.

Il faut distinguer la pension du fonctionnaire public, d'une part, celle accordée à l'ouvrier pour accident du travail, d'autre part, et enfin le produit de l'assurance volontaire contractée par les simples citoyens.

C'est la loi du 9 juin 1853 qui règle les pensions dues par l'État aux fonctionnaires. Elles sont accordées à ceux-ci, à leur veuve et à leurs enfants mineurs, et ne sont saisissables que jusqu'à concurrence d'un cinquième au profit de l'État, d'un tiers pour dettes alimentaires envers les parents et d'un cinquième au profit des fournisseurs d'aliments. Il en est de même pour les pensions militaires ou celles de l'armée de mer, et les pensions de réforme, l'insaisissabilité est même opposable aux fournisseurs d'aliments désignés en l'article 2101 du Code civil. Les pensions des membres de la Légion d'honneur sont insaisissables, même pour créances alimentaires. Dans tous ces cas, d'ailleurs, l'incessibilité est absolue (article 26).

Les ouvriers n'avaient aucun droit à pension; il n'y avait donc pas lieu de s'occuper de l'incessibilité ou de l'insaisissabilité de celle-ci. Mais la loi récente du 9 avril 1898 a changé cet état de choses pour le cas particulier d'accidents survenus par le fait du travail ou à l'occasion du travail à certaines classes d'ouvriers. Ceux-ci ont droit alors à une pension et quelquefois à un capital à la charge du patron, soit qu'il y ait décès, soit qu'il y ait incapacité de travail; cette pension peut appartenir à leur veuve ou à leurs enfants mineurs. L'article 3 de la loi déclare que ces rentes seront incessibles ou insaisissables d'une manière absolue; il n'est fait exception au profit d'aucunes créances.

La troisième catégorie de pensions, auxquelles il faut d'ailleurs assimiler les capitaux versés en une fois qui en tiennent lieu sont celles qui sont le produit d'assurances contractées volontairement : ces assurances sont nombreuses, elles ont pour but de procurer l'équivalent du salaire lorsqu'on ne peut plus travailler en raison soit du décès, soit de la vieillesse, soit des infirmités, soit des accidents, soit même du chômage, et l'équivalent profite alors soit au travailleur, soit à sa femme, soit à ses enfants. Le produit de cette assurance, cet équivalent du salaire acquis volontairement est-il incessible et insaisissable, au moins en partie?

Oui, mais seulement dans un cas exceptionnel. Les rentes viagères servies aux déposants par la caisse des retraites pour la vieillesse sont incessibles et insaisissables jusqu'à concurrence de 360 francs.

Toutes les autres pensions et capitaux versés par les Compagnies d'assurances sont cessibles et saisissables en totalité; bien plus, il serait interdit de stipuler le contraire soit à son propre profit, soit à celui d'autrui. Ainsi une personne s'impose des privations pour se faire une retraite ! dans sa vieillesse pour le cas d'infirmités prématurées ou pour celui d'accidents ; l'événement ou l'âge surviennent, il a des créanciers ; ceux-ci pourront saisir la pension et s'en attribuer le bénéfice, quoique l'assurance n'ait été nourrie qu'avec des épargnes sur les revenus annuels.

Un autre cas est plus fréquent; l'assuré n'a pas agi dans un but égoïste; il laissera en mourant une femme, des enfants; il n'a pas de fortune; il contracte une assurance où moyennant une prime annuelle, sa femme ou ses enfants auront à son décès un capital ou même une rente viagère qui les fera vivre. A son décès, sa succession est obérée, ses créanciers auront le droit d'arracher ce capital, fruit de ses économies sur ses revenus, à sa femme ou à ses enfants qui ne conserveront rien. Il est vrai que la jurisprudence dans son dernier état a repoussé ce résultat, mais avec indécision, et moyennant des distinctions subtiles qui laissent subsister le danger. D'ailleurs, nous ne critiquons pas en ce moment, nous constatons.

c. — *Réserve sur le travail ou sur le potentiel de travail.*

Le travailleur n'a pas seulement droit à son salaire par son travail ; il a aussi le droit d'être indemnisé des risques professionnels résultant, soit des machines, soit de la main-d'œuvre, soit de l'usure corporelle, soit du chômage, soit de la vieillesse précoce. D'ailleurs, qu'il ait droit ou non, il retomberait à la charge de la société, à défaut d'autres secours. En d'autres termes, il peut prétendre à une véritable réserve vis-à-vis de tous sur son potentiel de travail.

Comment obtiendra-t-il la réalisation de ce droit? Les législations sont divisées sur ce point. Suivant les unes, c'est au moyen d'une assurance contractée par l'ouvrier à ses frais; il est libre de la contracter ou non; s'il ne le fait pas, il n'a droit à rien, c'est à lui d'être prévoyant comme tout le monde. Suivant les autres, c'est bien par cette assurance qu'il obtiendra une pension, mais elle n'est plus facultative pour lui, elle sera obligatoire, c'est l'assurance forcée. Suivant d'autres, l'ouvrier n'a aucun sacrifice à faire; c'est son patron qui en cas d'accident résultant du risque professionnel, doit lui payer d'une manière viagère l'équivalent du salaire et qui pour se couvrir contracte ou non des assurances. D'autres déclarent cette assurance obligatoire pour le patron. Enfin, d'autres législations font concourir l'ouvrier, le patron et l'État par une retenue faite sur le salaire du premier et par la contribution des autres au service de cet équivalent du salaire. La théorie de cet équivalent est dans tous les pays en pleine élaboration législative.

A côté de l'ouvrier proprement dit, du fonctionnaire, se trouvent tous les autres citoyens qui désirent obtenir, en cas de mort, de vieillesse, d'accident ou de maladie, des ressources nouvelles remplaçant le produit de leur travail ou s'y ajoutant, ou même s'ajoutant à leurs revenus de capital. Il s'agit de l'assurance sur la vie avec ses diverses branches. Cette assurance est volontaire, elle pourrait être forcée, au moins dans certains cas. Elle a lieu tant au profit de l'assuré lui-même qu'à celui de sa femme ou de ses enfants.

La réserve sur le travail profite donc, comme celle sur le capital, à l'individu, à la femme mariée, aux enfants, à la famille en cas de réversibilité totale ou partielle; elle grève tantôt le bénéficiaire lui-même qui subit une retenue sur son salaire, tantôt un tiers, le patron, l'État. Comment est-elle organisée dans le droit français actuel?

Aucune organisation n'existe pour les citoyens autres que les fonctionnaires ou les ouvriers. L'assurance est pleinement volontaire de leur part.

Au contraire, le droit français a depuis longtemps organisé la réserve sur le travail en ce qui concerne les fonctionnaires, elle ne l'a fait pour les ouvriers que tout récemment par la loi précitée.

C'est la loi du 9 juin 1859 qui fixe les pensions civiles et en même temps les retenues pendant la période de travail qui doivent les alimenter. Ces retenues sont entièrement à la charge du fonctionnaire. Elles consistent en 5 % du traitement, plus le premier douzième de ce traitement et de son augmentation et les sommes non payées pour congé ou absence. Le droit à la retraite est acquis à 60 ans d'âge et après 30 ans de service, réduits à 55 ans d'âge et 25 ans de service en cas de service actif. La pension est réglée pour chaque année de service à un soixantième du traitement moyen, avec maximum des trois quarts du traitement. Le droit ne peut être anticipé qu'en cas d'infirmités contractées pendant les fonctions et en résultant. La veuve a droit à une pension qui est du tiers de celle du mari. Les orphelins mineurs ont les mêmes droits jusqu'à ce que le plus jeune soit devenu majeur. Telles sont les dispositions essentielles de cette loi. La retenue sur le traitement est forcée, c'est un cas d'indisponibilité d'une partie du traitement et d'assurance forcée.

C'est la loi du 9 avril 1898 qui règle les pensions ouvrières en cas d'accident; mais, à la différence du fonctionnaire, l'ouvrier ne subit aucune retenue. Il s'agit, d'une part, seulement du cas d'accident, et non de mort non accidentelle, de vieillesse, d'infirmités ou de maladie, et d'autre part, seulement des ouvriers et employés occupés dans l'industrie du bâtiment, les usines, manufactures, chantiers, les entreprises de transport par terre et par mer, de chargement et de déchargement, les magasins publics, mines, minières, carrières, et en outre, dans toute exploitation ou partie d'exploitation dans lesquelles sont fabriquées ou mises en œuvre des matières explosibles ou dans lesquelles il est fait usage d'une machine mue par une force autre que celle de l'homme ou des animaux.

Il existe un droit à indemnité contre le patron pourvu que l'interruption de travail ait duré plus de quatre jours.

D'autre part, les ouvriers dont le salaire annuel dépasse 2,400 fr. n'ont droit sur le surplus qu'au quart des rentes ou indemnités ordinaires.

Voici quelle est la quotité de l'indemnité : 1° pour l'incapacité de travail absolue et permanente, une rente égale aux deux tiers du salaire annuel ; 2° pour l'incapacité partielle et permanente, une rente égale à la moitié de la réduction que l'accident aura fait subir au salaire ; 3° pour l'incapacité temporaire, une indemnité quotidienne égale à la moitié du salaire touché au moment de l'accident, à partir du cinquième jour; 4° pour le cas de mort, il faut faire les distinctions suivantes :

Le conjoint survivant non divorcé ni séparé de corps a droit à une rente viagère égale à 20 % du salaire, sauf déchéance en cas de convol ; il lui sera alloué dans ce cas le triple de cette rente en une seule fois à titre d'indemnité. Les enfants légitimes ou naturels reconnus avant l'accident, orphelins de père ou de mère, âgés de moins de seize ans, auront 15 % du salaire s'il n'y a qu'un enfant, 25 % s'il y en a deux, 30 % s'il y en a trois et 40 % s'il y en a quatre ou davantage. Les enfants orphelins de père et de mère auront chacun 20 % du salaire. L'ensemble de ces rentes ne peut, dans le premier cas, dépasser 40 %, ni 60 % dans le second. Enfin, si la victime n'a ni conjoint ni enfant, chacun des ascendants et descendants qui étaient à sa charge recevra une rente, viagère pour les ascendants et servie jusqu'à l'âge de seize ans pour les descendants ; elle sera de 10 % du salaire, sans que le montant total de toutes ces rentes puisse dépasser 30 %.

Si des tiers sont responsables, l'ouvrier a action contre eux, mais ce qu'il obtient ainsi est à la décharge du patron.

L'indemnité n'est pas nécessairement et entièrement fixée en rente. La victime peut demander que le quart du capital nécessaire à l'établissement de cette rente lui soit attribué en espèces. Elle peut demander aussi que le capital serve à lui servir une rente viagère réversible par moitié sur la tête de son conjoint.

L'action de l'ouvrier contre le patron se prescrit par une année.

On peut demander la révision de l'indemnité fixée en cas d'aggravation ou d'atténuation de l'infirmité de la victime ou de son décès survenu ultérieurement par suite de l'accident ; cette action en révision est ouverte pendant trois ans.

Le tribunal a droit de réduire la pension en cas de faute inexcusable de l'ouvrier. Aucune indemnité n'est due si la victime a intentionnellement provoqué l'accident. Enfin, si celui-ci est dû à la faute inexcusable du patron ou de ses préposés, l'indemnité pourra être majorée, mais sans que la rente majorée puisse excéder le salaire annuel.

Pour se couvrir de la responsabilité, les patrons peuvent s'assurer, mais cette assurance n'est pas obligatoire pour eux ; aussi l'ouvrier pourrait souffrir de l'insolvabilité du patron. Pour le garantir la loi offre la responsabilité subsidiaire de l'Etat, (Caisse des retraites pour la vieillesse); mais celui-ci s'en rembourse au moyen de quatre centimes additionnels à la contribution des patentes des patrons, taxe qui pourra être augmentée ou diminuée chaque année. En outre, la caisse des retraites aura son recours individuel contre le patron débiteur.

Il peut être très gênant pour les patrons responsables de servir longtemps ces rentes viagères. Ils pourront s'en libérer en versant le capital à la caisse des retraites. En outre, cette conversion est forcée lorsque le chef d'industrie cesse son exploitation, à moins qu'il ne fournisse des garanties suffisantes.

Telles sont les dispositions essentielles de la loi de 1898. Il est intéressant de les comparer à celles de l'Allemagne et de l'Autriche dont les principes sont différents. Ce qui importe ici, elle réalise celui de la réserve personnelle sur le patrimoine-travail.

IV. — Législations étrangères.

Le droit étranger contient aussi des amorces du principe de l'indisponibilité et de l'assurance du patrimoine, et ce sont les mêmes que celles que nous avons observées dans notre droit, avec des divergences sans doute, mais pas assez importantes pour nous instruire davantage. C'est ainsi que partout les traitements et les pensions sont insaisissables et souvent incessibles dans certaines proportions; que le donateur peut stipuler que l'objet de la libéralité sera, pendant quelque temps au moins, insaisissable entre les mains du donataire; que le régime dotal est souvent en vigueur au profit de la femme. Il serait long et peu intéressant de noter ici les extensions et les restrictions apportées par les lois étrangères à ces dispositions. Ce que nous voulons faire connaître, ce sont les institutions entières, originales, qui créent tout un groupe nouveau de cas d'indisponibilité, d'indivisibilité ou d'assurance du patrimoine. Aussi n'exposerons-nous pas ces points en parcourant successivement la législation de chaque pays; nous mettrons simplement en vedette les institutions les plus remarquables en en décrivant la réalisation en des lieux divers.

A. — *Constitution de biens de famille consacrés au culte des ancêtres*
(d'après le droit indo-chinois).

Nous commençons par une institution très curieuse en usage dans l'Indo-Chine et connue sous le nom de *huong-hoa*. Il s'agit des biens consacrés au culte des morts : biens, d'ailleurs, meubles ou immeubles. Ce patrimoine ne se constitue ordinairement qu'au décès; il ne peut dépasser une part virile ou cinq hectares; on l'attribue à un seul des héritiers par préciput. Pour le constituer, on ne doit pas être grevé de dettes. C'est dans le testament que cette constitution a lieu. Du reste, l'attribution se fait par la loi; à défaut de désignation, c'est l'aîné des enfants qui recueille. On peut en être déchu pour cause d'indignité, dont les cas sont prévus par la loi ou par la coutume ; c'est le tribunal qui la déclare sur la demande de la famille, et dans ce cas le conseil de famille désigne le nouveau bénéficiaire. A défaut de descendant mâle, le *huong hoa* passe à l'aîné des collatéraux et à sa descendance mâle. La femme n'y a pas droit, à moins qu'elle ne soit dans la misère et qu'il n'existe aucun argent. Le domaine ancestral est inaliénable, même quand il s'agit de meubles ; mais il faut vis-à-vis des tiers une inscription au *dia-bo*, registre foncier, et, en outre, une mention sur une pierre placée sur l'immeuble. Le *huong-hoa* est dissous si tous les membres de la famille y consentent.

Il faut en rapprocher les *res sacræ, religiosæ* du droit romain et les choses *tabou* du droit arabe, mais avec cette différence qu'il s'agit ici de la transmission du patrimoine et non d'objets particuliers.

Le *huong-hoa* ressemble davantage aux institutions féodales du moyen âge ; l'idée dominante est celle de la famille ; c'est à celle-ci que l'on constitue une réserve, c'est elle dont on veut perpétuer le patrimoine, de manière à empêcher la déchéance familiale. Ce qui est original, c'est que les ancêtres eux-mêmes président à cette conservation et que l'institution a une racine religieuse.

B. — *Constitution des biens de famille*

(d'après le droit allemand actuel).

La féodalité proprement dite est supprimée en Allemagne et les fiefs (*lehngüter*) disparaissent, les terres sont allodiales ou le deviennent ; sous son empire, il y avait des biens tenus en fief qui étaient indivisibles, le père pouvait choisir d'après le *landrecht* prussien entre tous ses enfants l'héritier au fief ; ailleurs, c'est l'aîné qui était préféré, les autres enfants ne recevaient qu'une indemnité. Ce bien était inaliénable, le successeur féodal pouvait en faire rescinder toutes les aliénations. Le possesseur pouvait par testament modifier la succession légitime du fief.

Une institution un peu différente et qui est conservée est la succession aux biens de famille, *stammgut*. Elle n'existe plus de plein droit, mais est devenue purement conventionnelle ; elle n'implique . aucune vassalité, mais est particulière aux nobles. Toutes les maisons de la haute noblesse règlent la dévolution de leur succession par un règlement intérieur; la primogéniture et la masculinité y sont observées. Dans la noblesse moyenne et inférieure il en est de même, mais avec restriction au château héréditaire et au domaine qui s'y rattache. En Prusse, des ordonnances de 1836 et 1837 permettent aux familles nobles d'établir des lois successorales particulières à leurs maisons; le chef fixe la succession de ses enfants; il peut, par contrat de mariage, dispositions entre vifs ou à cause de mort, établir des privilèges, des substitutions, et n'est pas lié par les lois sur la réserve. L'indivisibilité du patrimoine est assurée ainsi.

Il faut en distinguer les fidéicommis de famille (*familien anwartschaft*), qui n'ont plus rien de féodal. Un testateur peut ordonner que sa succession, ou une quotité de celle-ci, ou un groupe d'objets formera un patrimoine spécial, inaliénable et transmissible, suivant un ordre qu'il détermine, dans sa famille ou dans celle d'un tiers, généralement aux seuls descendants agnats. La constitution peut aussi avoir lieu par pacte successoral ou par acte entre vifs. La défense d'aliéner est de son essence, elle doit être inscrite sur les registres des hypothèques; suivant certaines lois, l'érection doit être approuvée par le gouvernement ou le tribunal. Le fiduciaire ne peut grever la propriété au détriment du fidéicommissaire. Ce fidéicommis ne peut être hypothéqué; on ne peut en saisir que les fruits. Il est créé à perpétuité; cependant on admet qu'en cas de nécessité il soit dissous, du consentement unanime de tous les membres existants de la famille. Les femmes et leurs descendants sont exclus, le testateur pourrait cependant les admettre, et aussi les instituer à défaut de mâles; à défaut de ces derniers, la parente la plus proche du dernier possesseur est préférée; après cette dévolution à une femme, la règle de la masculinité reprend. Les ascendants et les agnats non descendants du fondateur sont exclus aussi. Celui-ci indique à qui le fidéicommis doit être transmis; s'il ne désigne pas, il faut néanmoins attribuer à un seul. C'est en général la primogéniture qui est une cause de préférence; quelquefois, au contraire, c'est le majorat, le séniorat ou le minorat. D'après le premier principe, c'est la plus proche parentèle qui est appelée d'abord, dans cette parentèle la ligne aînée, et dans cette ligne le premier-né ou ses représentants. Il y a *majorat* si les parents du possesseur sont appelés suivant la proximité du degré, et si l'âge donne la préférence à degré égal, sans distinction de lignes et sans représentation ; *seniorat*, si le plus âgé des successibles est appelé sans distinction de ligne ni de degré ; *juniorat*, si le plus jeune de la famille est appelé ; *minorat*, si le plus proche de la famille est appelé et que le plus jeune à ce degré ait la préférence ; *ultimogéniture*, si le plus jeune membre de la ligne cadette a la priorité ; *secundogéniture*, si un fidéicommis est constitué au profit d'une ligne cadette, passe à son extinction à la troisième ligne, à la quatrième ligne, pour ne revenir à la ligne aînée qu'en cas d'extinction de toutes les autres.

L'héritier de fidéicommis est un grevé de substitution, il doit conserver et rendre à son décès et ne peut disposer de cette succession. Elle est souvent grevée d'apanages au profit des autres membres de la famille.

Comme on le voit, le fidéicommis de famille réalise de la manière la plus complète l'indisponibilité et l'indivisibilité du patrimoine de famille. C'est une substitution sans limitation.

C. — *Du droit d'Höferecht.*

Il y a quelques années, l'*höferecht* était complètement inconnu en France ; c'était une nouveauté et une curiosité juridiques ; depuis, il a fait l'objet de nombreuses monographies, ici même (1) ; aussi avons-nous l'intention de dire seulement ce qu'il contient d'essentiel.

C'est aussi une institution spéciale aux pays germaniques ; elle ressemble au premier abord à la précédente, mais elle s'en distingue par deux traits. D'abord, elle constitue, non l'indisponibilité, mais seulement l'indivisibilité du patrimoine de famille ; puis, elle n'est point issue d'idées féodales, ne s'applique pas aux biens nobles, mais, au contraire, à ceux des paysans ; elle est démocratique, au lieu d'être aristocratique. L'imitation des coutumes féodales n'a pas été étrangère à sa genèse, mais son but est différent.

Elle est née d'abord non des lois positives, mais des coutumes ; depuis cependant, des lois sont intervenues ; dans le Hanovre, qui

---

(1) V. notamment *Bull. de la Soc. d'écon. soc.*, t II. (1868), et *la Réf. soc.*, 1er et 16 déc. 1891.

paraît en être le siège principal, plus de 66,000 biens ruraux sont soumis à son régime ; elle s'étend maintenant à peu près à toute l'Allemagne et le nouveau code civil fédéral n'y fait pas obstacle, au contraire, en réserve les droits. Les principales lois qui la réglementent sont celles du 11 avril 1870 pour le Schaumbourg-Lippe, de 1873 pour l'Oldenbourg, de 1874 et de 1880 pour le Hanovre, de 1876 pour Brême, de 1880 pour le Lauenbourg, de 1882 pour la Westphalie et la province Rhénane, de 1883 pour le Brandebourg, de 1884 pour la Silésie, de 1886 pour le Schleswig, de 1887 pour Hesse-Cassel, de 1888 pour le grand-duché de Bade.

Le *hof* consiste en une ferme avec les terres qui en dépendent. Il est l'objet d'une succession spéciale, en ce sens qu'il est transmis tout entier à un seul des héritiers ; mais pour que cette règle soit applicable, il faut que la ferme soit exploitée par le propriétaire lui-même. L'héritier du *hof* prend le nom d'*anerbe* (héritier à...); c'est en général le fils légitime aîné ; cependant, dans l'Allemagne du Sud, à Bade, et en outre au Schleswig, etc., c'est, au contraire, le plus jeune ; le fils naturel n'est pas partout admis. Ailleurs, en Westphalie, en Brandebourg, en Silésie, le conjoint survivant commun en biens l'emporte et exclut même les fils légitimes. A défaut de fils, c'est la fille aînée qui succède, qu'elle soit mariée ou non. S'il n'y a pas de descendants, le *hof* disparaît et l'immeuble retombe dans le droit commun. Cependant en Westphalie les collatéraux sont admis suivant les mêmes rangs de masculinité et de primogéniture. Les ascendants sont souvent exclus. Tantôt les ascendants viennent avant les frères et sœurs, tantôt c'est l'inverse. La représentation par les descendants est admise.

Fait bien curieux : il est possible que l'*anerbe* ne soit pas capable d'exploiter, ou soit déclaré prodigue ou atteint d'aliénation mentale ou condamné au répressif ; alors il y a déchéance, et le *hof* passe à un autre héritier. S'il est mineur, tantôt le *hof* est laissé à la veuve du propriétaire précédent, tantôt on choisit un fermier intérimaire jusqu'à la majorité.

Le *hof* comprend une habitation, le mobilier indispensable et les instruments aratoires ; en Westphalie et en Silésie, il faut qu'il ait au moins un revenu cadastral net de 75 marks.

Le propriétaire a le droit de disposer du *hof*, de l'hypothéquer, de le léguer ; il n'existe aucune indisponibilité ; il peut le donner au conjoint survivant. Bien plus, le père peut par testament ou par acte notarié désigner un autre *anerbe* que celui que la loi désigne *ab intestat;* même dans certains pays, en Hesse-Cassel, par exemple, la loi ne fait aucune désignation; dans ce cas, si le père n'a pas choisi l'*anerbe*, les successeurs eux-mêmes le choisissent; s'ils ne sont pas d'accord, il y a une tentative de conciliation devant le juge de bailliage; si elle n'aboutit pas, c'est le conseil de famille qui décide.

S'il y a plusieurs héritiers, il s'agit de dédommager les autres. On estime le *hof* un peu au-dessous de sa valeur réelle; le prix entre dans la succession ordinaire ou allodiale; dans certaines provinces, on accorde un délai pour le paiement. Le propriétaire du *hof* a non seulement le *hof* en *nature* précompté sur ses droits, mais il a des avantages en *valeur;* ces avantages varient suivant les provinces; la loi donne à l'*anerbe* comme préciput le quart dè la valeur du *hof;* celles de Brunswick, du Hanovre, du Schleswig et du Lauenbourg, un tiers; celle de l'Oldenbourg, de 15 à 40 % ; celle de Bade, un dixième ou un huitième, mais le père peut porter à un quart ; d'autres ne concèdent aucun avantage. A Hesse-Cassel, il y a à la fois un maximum et un minimum. L'*anerbe* ne peut refuser la succession allodiale pour s'en tenir à la succession au *hof.* Il est même tenu en principe de toutes les dettes. D'autre part, les frères et sœurs non mariés ont droit à l'habitation, à la nourriture, mais doivent le travail dans la ferme, tant qu'ils n'ont pas reçu leur soulte ou *abfindung.* Cette soulte est tantôt une charge personnelle, tantôt une charge réelle. L'enfant infirme a le droit de rester indéfiniment soigné, mais il n'a pas de soulte. Si un enfant meurt avant son départ et avant d'avoir reçu cette soulte, l'*anerbe* ne la donne qu'au conjoint survivant et aux enfants légitimes, non aux autres héritiers.

L'*höferecht* est conventionnel ou légal. Il est légal dans certains pays, même en dehors du droit moderne, en vertu de la coutume : alors aucune publicité n'est requise. Il peut n'être que conventionnel ; dans ce cas, il faut une inscription sur un registre au greffe, le *höferolle.* Cette inscription est constitutive du *hof,* ce n'est pas seulement une mesure contre les tiers; pour abolir le *hof,* il faut que cette inscription soit radiée.

Tel est l'*höferecht* en Allemagne. Il a été introduit en Autriche en 1889 ; là il est devenu le régime de plein droit, le régime légal, sauf convention contraire. C'est la loi du 1er avril 1889 qui l'établit, elle est intitulée *loi sur les biens ruraux de moyenne étendue*. Lorsque ces biens renferment une habitation, ils sont soumis à ce régime spécial. Il n'a d'effet dans la succession testamentaire que si le défunt désigne un héritier parmi les successibles légaux ; il peut ne pas suivre le rang légal. Mais il existe aussi dans les successions *ab intestat*. Ce domaine ne passe qu'à un seul des héritiers, l'*anerbe*, avec tout le matériel de l'exploitation. L'attribution est faite par le *de cujus* ou la loi provinciale lors du partage ; l'attributaire du *hof* est débiteur de sa valeur envers ses cohéritiers, cette valeur est fixée par le tribunal après expertise et entre dans la masse pour le partage, lequel se fait toujours en justice ou doit être homologué par le tribunal ; celui-ci fixe le délai de paiement et le taux des intérêts ; ce délai est d'au moins trois ans. Le droit à la soulte grève hypothécairement l'immeuble, et en cas de vente par l'*anerbe*, la soulte devient exigible. La loi de chaque province peut accorder une déduction sur l'estimation, le maximum est du tiers. La réserve successorale reste la même, le *hof* est compris dans la masse pour son calcul. S'il y a plusieurs domaines, l'indivisibilité disparaît (1).

L'*höferecht* sous un autre nom existe en Espagne d'après le nouveau Code civil (art. 1056 et 1057). Le père de famille, pour conserver son exploitation agricole, industrielle ou commerciale, peut la laisser à un seul de ses enfants, en le chargeant de payer aux autres leur part en argent.

Ce qui est au fond de l'*höferecht*, c'est le principe de l'indivisibilité, tandis que dans les droits féodaux anciens il y avait à la fois indivisibilité et indisponibilité surajoutée par le moyen des substitutions. D'ailleurs, cette indivisibilité ne se réalise point par un droit d'aînesse et de primogéniture absolu, ni même ordinaire ; c'est le père de famille qui choisit librement entre ses enfants, et même légalement le plus jeune est souvent préféré. Enfin, on tient compte surtout de l'intérêt de la culture ou de toute autre exploitation ; le plus capable a la préférence, c'est l'application d'un principe démocratique bien entendu.

La force d'expansion de l'*höferecht* montre sa vitalité ; son origine coutumière est aussi en sa faveur ; ce n'est point une institution imposée, elle est née spontanément des besoins économiques.

Nous arrivons à une institution qui, au contraire, laisse de côté

(1) V. *la Réf. soc.* du 16 mai 1889.

l'indivisibilité pour la conservation du patrimoine et vise seulement l'indisponibilité temporaire pour sa formation : c'est l'*homestead*.

Ces deux institutions, l'*höferecht* et l'*homestead*, quoique bien distinctes, semblent les parties détachées d'un seul tout formant une synthèse logique de la conservation du patrimoine.

D. — *Du droit de l'homestead.*

L'*homestead*, comme l'*höferecht*, est d'origine récente ; tandis que le second est né dans le massif germanique continental, le premier est éclos chez les Anglo-Américains (1).

Il y a deux sortes d'*homestead* : l'un sur les terres du domaine privé, régi par la législation spéciale de chaque État aux États-Unis, et l'autre sur les terres du domaine public régi par la législation fédérale. L'intérêt de la distinction consiste en ceci : le second a pour but le défrichement des terres encore incultes concédées par les États-Unis ; tandis que l'autre, la facilitation de l'exploitation du sol ordinaire. Aussi discute-t-on si la propriété qui dérive de l'*homestead* dépend de cette concession ou du régime juridique qui y est joint, aussi bien qu'à la propriété du sol ordinaire. Mais cette observation faite, on entend par régime de l'*homestead* ou de l'*exemption* non cette concession, mais l'institution de la réserve personnelle permise par les lois de ce pays.

Quelle est cette réserve personnelle et quel en est le but ?

Le cultivateur, lorsqu'il défriche une terre neuve, court de grands risques. S'il s'agit d'une concession, souvent il commence avec des ressources restreintes qui pourront bientôt s'épuiser ; il sera alors obligé de revendre à vil prix la concession même, le petit domaine et jusqu'au foyer de famille péniblement acquis. Il importe de l'encourager et, au point de vue de l'intérêt social, de ne pas laisser s'accumuler ces ruines. On le pourra par un moyen très facile : accorder à l'exploitant *un minimum de patrimoine*, au-dessous duquel on ne pourra le saisir et qu'il ne pourra hypothéquer, car l'hypothèque servirait à tourner la prohibition, et comme il s'agit de favoriser l'exploitation, et seulement elle, ce minimum ne pourra être constitué qu'en biens agricoles entre les mains de celui qui cultive lui-même. C'est l'*inverse* de l'*höferecht*. Ici point d'indivisibilité : au décès, le *home* se partage comme les autres biens.

(1) V. *la Réforme sociale*, 1er janvier et 1er février 1895.

Il est constitué un peu différemment dans chaque État. Généralement il comprend la maison d'habitation et ses dépendances,
mais ne doit pas dépasser en valeur 3,000 dollars (15,000 francs).
Il comprend en outre les meubles et ustensiles de ménage, les
terrains de sépulture, tous les instruments de labourage, tous les
outils de la profession, les livres et les portraits de famille, cinq
vaches et leurs veaux, deux paires de bœufs de labour et deux
voitures, vingt porcs et vingt moutons, les harnais, les provisions
et fourrages nécessaires à la consommation de la famille, les
salaires des serviteurs (Idaho). Il est constitué par le mari ou la
femme ou tous les deux au moyen d'une déclaration qui contient la
description des terres, signée et enregistrée comme les ventes
d'immeubles. L'abandon du *homestead* est constaté de la même
manière; la femme doit consentir à cette désaffectation, hors la
présence du mari, car elle est considérée comme copropriétaire. La
condition d'habiter est essentielle ; si les époux se fixent hors du
comté, l'*homestead* disparaît. S'il dépasse la valeur permise, le juge
le réduit quand le groupe de terres est divisible. Au décès, la
probate court met à part l'*homestead* au profit de l'époux survivant et
des enfants légitimes.

Une personne non mariée ne peut prétendre à l'*homestead exemption*, à moins qu'elle n'ait charge de frères mineurs, de neveux,
d'ascendants ou de sœurs non mariées demeurant avec elle. Il faut,
et cela suffit, être chef de famille, *house holder*, *house keeper* ; une
femme peut l'être. C'est le lien de dépendance et de protection qui
est à la base. Seulement ces conditions nécessaires pour fonder l'*homestead* peuvent disparaître et le laissent subsister. Une habitation
est une autre condition nécessaire; des terres seules ne pourraient
servir à le constituer; il faut même que ces terres forment une
masse assez compacte, sans que la contiguïté soit indispensable.
D'autre part, il n'est pas requis d'être plein propriétaire de la
terre, il suffit d'en être possesseur; on peut même n'être que
locataire, si l'on a édifié une maison sur le sol. Il est défendu
d'avoir plusieurs *homesteads* à la fois. Certains États n'exigent aucune
forme pour la constitution, l'occupation est une notoriété suffisante ;
dans d'autres, il faut un acte solennel. Dans un État, le Texas,
l'*homestead* est bien plus facilement constitué; on y admet les étrangers, quoiqu'ils soient exclus ailleurs ; on n'exige pas la qualité de
chef de famille ; les terres peuvent être indivises ou distantes les

unes des autres; les immeubles peuvent en faire partie jusqu'à concurrence de 50 acres et de 200 dollars, et les meubles jusqu'à concurrence de 50 dollars.

Telles sont les conditions de l'*homestead* ; voici maintenant ses effets tant entre les parties qu'à l'égard des tiers. La maxime reçue est : *the home is a castle*, la maison est une forteresse ; au point de vue technique du droit anglo-américain, c'est un *estate for life*, un droit viager et personnel. Le propriétaire reste libre de disposer, du moins en principe ; l'insaisissabilité elle-même n'est pas absolue ; au décès les biens redeviennent le gage des créanciers. Cependant le bénéfice protecteur survit à la mort du chef et dure jusqu'à la majorité des enfants qui y ont droit conjointement avec la veuve survivante. Les créanciers ne peuvent faire procéder à la vente forcée, à moins qu'ils ne soient hypothécaires; mais on doit respecter les droits antérieurs à la constitution de l'*homestead* ; pour que le droit soit antérieur il faut avoir déjà saisi ou obtenu un jugement ou une hypothèque, la simple créance non hypothécaire ne prévaut pas ; tel est le résultat de la différence entre l'*indebtedness* et le *lien*. La déclaration de faillite antérieure empêche l'*homestead* de se former. Par exception, au Kentucky, toutes les dettes antérieures prévalent, si elles ont été contractées avant l'acquisition de la terre. Dans les États où des formalités sont exigées pour la constitution, elles seules rendent opposable aux tiers ; il faut qu'elles aient eu lieu avant la naissance de la dette. Les exceptions à l'insaisissabilité sont les suivantes. La saisie peut avoir lieu pour le paiement du prix d'acquisition, pour le recouvrement des impôts, pour la créance des ouvriers qui ont amélioré le fonds ou des fournisseurs des matériaux de construction, pour la responsabilité des délits et quasi-délits du chef de famille, enfin, en cas de fraude envers les créanciers ; cependant dans le Michigan et le Missouri les exceptions disparaissent, l'insaisissabilité devient absolue. Le cas de fraude donne lieu à des difficultés; il faut une fraude intentionnelle, le fait d'avoir employé à l'acquisition des deniers qui auraient dû l'être autrement, ne suffit pas. Il n'y a pas fraude à vendre l'*homestead*, puisque les créanciers n'auraient pu saisir ; il n'y en a pas non plus à l'acheter, puisque suivant la maxime américaine, s'il n'y avait pas de dettes, il n'y aurait pas d'*homestead*.

Pendant la vie du chef de famille, la femme et les enfants ne sont que bénéficiaires indirects, la femme n'y a aucun droit avant le décès de celui-ci; cependant, sauf dans l'Arkansas, le mari peut aliéner, mais la femme peut s'opposer à l'aliénation, elle a donc une sorte de copropriété. Elle doit consentir aussi à l'hypothèque. Souvent ce consentement doit être donné hors la présence du mari ; ailleurs, au contraire, on exige que les deux consentements soient simultanés. Ailleurs encore, le mari peut vendre seul, mais en retenant ce qui est indispensable à l'entretien de la famille. La copropriété de la femme est plus formellement reconnue en Californie : aussi l'*homestead* passe au survivant.

Le mari peut librement constituer une servitude sur l'*homestead* sans le consentement de sa femme. L'*homestead* peut être échangé.

Dans quelques États, au décès du mari l'*homestead* passe entièrement à l'épouse survivante comme gain de survie ; ailleurs il échoit conjointement à la veuve et aux enfants, s'il y en a, sinon, à la veuve, et à son décès, à ses héritiers. En Louisiane, la veuve a l'usufruit et les enfants la nue-propriété. Si aucun *homestead* n'existe, la veuve peut demander à la *probate court* qu'il lui en soit constitué un. Au décès d'un époux, il passe à l'autre, libre de toute dette. La séparation détruit le droit de la femme, mais non dans tous les États ; de même son convol. Le contrat de mariage ne pourrait exclure l'*homestead.* En Géorgie, exceptionnellement, la veuve n'y a pas droit, si elle n'a pas d'enfant. Le douaire se prend avant lui, la veuve peut cumuler les deux, mais elle doit continuer d'habiter la maison et d'exploiter les terres, les ouvriers seuls sont dispensés de l'obligation de résider. Elle ne peut aliéner ou engager au préjudice de ses enfants mineurs, à moins d'autorisation de justice. En Californie, si elle se remarie, elle peut prétendre à un second *homestead* sur les biens de son second mari. A la majorité des enfants, l'*homestead* est dissous. Il l'est aussi si le chef décède sans laisser de veuve ni d'enfant; alors les créanciers ont le droit de saisir l'immeuble, excepté dans la Floride où les héritiers le recueillent franc et quitte de toutes dettes. On ne saurait avoir deux *homesteads* à la fois, excepté dans le cas que nous venons de signaler en Californie, puisqu'alors il y a deux familles.

L'*homestead* s'éteint par l'abandon de la maison et des terres, par l'acquisition d'un autre *homestead*, par l'aliénation ou l'obligation de transférer la propriété, par la concession d'un *mortgage*, par la renonciation, par le prononcé du divorce, par le décès de l'ayant-droit. S'il y a eu des formalités lors de la constitution, l'abandon ne suffit plus, il faut l'accomplissement de formalités contraires.

Il est surtout intéressant de savoir, puisque l'*homestead* repose sur une question de *minimum* de patrimoine, quel est ce *minimum* qui doit être seul assuré à son possesseur. Le critère est tantôt la valeur, tantôt l'étendue de l'objet ; il faut, d'ailleurs, distinguer entre les biens ruraux et les biens urbains, les meubles et les immeubles. L'immeuble rural doit se borner à une ferme, celui qui est urbain à une maison et une terre ; pour le premier, on s'occupe surtout de l'étendue ; pour le second, de la valeur. La limite en étendue est de 200 acres (l'acre vaut 40 ares 46 centiares); celle en valeur est de 25,000 francs. Certains États limitent à la fois en contenance et en valeur. En Californie, quelle que soit la nature du bien, le *seul critère* est la *valeur*. Le tarif varie suivant chaque État. Si l'immeuble augmente de valeur, il n'y a pas lieu à réduction. L'*homestead* mobilier prend le nom technique d'*exemption*, le mot *homestead* étant restreint aux immeubles. Dans l'Indiana, on peut à son gré constituer l'*homestead* en meubles ou en immeubles jusqu'à concurrence de la somme légale. Notons en passant que la loi sur les faillites étend considérablement l'insaisissabilité, même en dehors de tout *homestead*, en déclarant les meubles insaisissables de 100 à 2,000 dollars.

L'*homestead* sur les terres du domaine public est soumis à quelques règles particulières. La loi fédérale qui les régit est l'act du 20 mai 1862. Les conditions sont, en général, les mêmes, mais on exige une résidence de cinq années, pendant lequel délai l'immeuble est inaliénable. On doit faire une déclaration sous serment au bureau de la situation et payer dix dollars, le certificat de propriété n'est délivré qu'au bout des cinq ans. L'insaisissabilité s'étend même aux dettes antérieures à la délivrance du certificat.

L'*homestead* est devenu presque universel aux Etats-Unis. Sur 49 États ou territoires, y compris le district fédéral, il n'y en a que cinq, le Rhode-Island, la Pensylvanie, le Delaware, l'Orégon et le district de Columbia qui ne l'aient pas adopté ; 18 États en ont fait un article de leur constitution.

Le foyer de famille avec ses dépendances devient ainsi insaisissable, mais il peut être hypothéqué ; au Texas et à l'Arkansas seulement, l'hypothèque est interdite ; mais, pour hypothéquer, il faut le consentement de la femme. On |peut aliéner l'*homestead* et il n'est pas indivisible au décès ; il continue pourtant de l'être entre la femme survivante et les enfants mineurs, et dès qu'on le divise, il n'y a plus d'*homestead*.

Telle est cette institution si importante, beaucoup plus célèbre que l'*hœferecht*, qui a en Europe ses admirateurs et ses détracteurs, et qui semble un remède topique pour obtenir la conservation d'une moyenne propriété et pour empêcher le déclassement ; il l'est encore pour permettre à la fortune naissante de se développer. Si on le réunissait à l'*hœferecht*, on aurait une institution bien complète cette fois et qui empêcherait l'émiettement des biens et la dispersion des personnes, ainsi que la trop grande mobilité du patrimoine.

E. — *De la copropriété de famille.*

A la copropriété de village qui semble avoir été autrefois commune à tous les peuples et dont le type se retrouve encore dans l'*allmänd* suisse, succède presque partout la copropriété de famille. Le patrimoine appartenait à tous les membres et était seulement géré par le chef. C'est dans ce sens que l'héritier est appelé en droit romain *suus heres ;* seulement le chef prit à Rome un caractère despotique, de manière à avoir plein pouvoir d'aliéner et de tester. Mais généralement il n'en était pas ainsi ; en Chine, par exemple, le domaine de famille restait inaliénable.

Dans l'ancien droit français, à côté et en dehors du droit féodal, vivaient des communautés de famille dont l'existence a été étudiée par M. de Laveleye. Quand les paysans habitaient en commun, aucun partage n'intervenait à la mort de l'un d'eux, le seigneur n'héritait pas. Tous avaient la même demeure (*cella*) et portaient le nom de *compains ;* ils pouvaient tester seulement les uns au profit des autres. A Paris, l'enfant demeuré avec ses parents hérita longtemps seul. Même en dehors de la parenté du sang, se formaient ces sociétés taisibles, qui se choisissaient un chef, le *major*, au moyen d'une élection ; on élisait aussi une femme, la *majoresse*, mais ce ne devait pas être la femme du *major*. Il existait encore beaucoup de ces sociétés au xviiie siècle (1).

La copropriété de famille, après avoir régné en Pologne, en Bohême, chez les Slovènes, s'est conservée chez les Slaves méri-

<hr>

(1) *Les Ouv. des deux Mondes*, 1re s., t. V. ; *Bulletin*, t. VI (1878) ; et *la Réf. soc.*, 1er sept. 1890 et 16 sept. 1896.

dionaux, en Serbie, au Monténégro, en Bulgarie, en Dalmatie, en Herzégovine, en Bosnie, en Slavonie et en Croatie. Elle est même réglée par le code civil serbe (1). Elle s'appelle *drujino*, *drustvo*, *zadruga* et vit sous l'autorité du *gospodar* ou *starchina*, qui est élu par elle et règle les travaux ; elle forme une personne civile. Celui qui succède au *gospodar* n'est pas toujours l'aîné, mais le plus capable. Chaque communauté comprend 10 à 20 personnes. Quand une famille est trop nombreuse, elle se divise et forme deux communautés. Les filles qui se marient passent dans l'autre famille ; mais quand les bras manquent, on reçoit leur mari. Les produits sont exploités en commun, mais chacun peut se faire un pécule avec ses gains. L'étendue du patrimoine de communauté est de 35 à 50 joch (le joch vaut 75 ares 53 centiares). Les vieillards et infirmes sont entretenus par la communauté. Les femmes prennent alternativement la direction du ménage. Quand un des membres meurt, il ne s'ouvre aucune succession, sauf pour les objets mobiliers ; on ne peut léguer ni donner, à moins qu'on ne soit le dernier survivant. Celui qui quitte la famille perd ses droits.

Dans un tel système, l'indivisibilité du patrimoine existe bien, mais avec une nuance, elle se réalise non par l'attribution à un seul, comme dans les systèmes déjà décrits, mais par l'indivision forcée entre tous. S'il y a lieu au choix d'un membre, c'est pour qu'il administre, non pour qu'il devienne propriétaire exclusif. Quant à l'indisponibilité, elle existe en ce sens qu'il faut le consentement de tous pour aliéner.

En ce moment un projet de code civil fédéral pour toute la Suisse est en voie d'élaboration ; l'avant-projet a été déposé en partie, et il est très curieux de voir qu'il a institué cette communauté de famille sous le titre *des biens de famille* dans les art. 358 et suiv. Les fonds de famille pourront être créés par fondation ou par fidéicommis, en mettant dans l'indivision un héritage commun ou d'autres biens appartenant à des parents ; il faut, dans ce but, passer un acte authentique, et pour rendre opposable aux tiers, inscrire sur le registre de commerce. L'indivision est constituée à terme ou pour un temps indéterminé ; dans ce dernier cas, elle peut être dénoncée six mois d'avance. Tous les membres de l'indivision sont tenus de l'exploiter en commun ; ils ne peuvent, avant

____

(1) V. not. *la Réf. soc.*, 1er février 1886.

la dissolution, en demander le partage, ni disposer de leurs parts,
L'indivision est représentée par un chef qui dirige l'exploitation.
L'ayant droit qui contracte mariage peut en exiger la dissolution. Si le défunt laisse des descendants, ceux-ci pourront être
admis à entrer dans la communauté. On peut stipuler que l'exploitation sera remise à un seul, à charge de verser aux autres tous les
ans une part du bénéfice net. Comme on le voit, il n'y a point ici
d'indisponibilité absolue, mais, sauf exception, l'indivision reste
forcée, ce qui est une *indivisibilité temporaire;* d'autre part, l'aliénation ne peut avoir lieu que du consentement de tous.

F. — *Du manoir de famille.*

C'est une institution distincte de la précédente, mais organisée
aussi par l'avant-projet du code civil fédéral suisse. C'est un
homestead, mais renforcé. Il faut d'ailleurs que la législation canto-
nale l'autorise.

On peut constituer en manoir de famille tout immeuble à des-
tination agricole ou industrielle, ou toute maison d'habitation avec
dépendances, mais l'immeuble ne doit pas être plus grand qu'il
n'est nécessaire pour l'entretien et le logement d'une famille et le
propriétaire doit exploiter lui-même et demeurer. Lors de la
constitution on procède à une sorte de purge ; on fait sommation
d'office aux créanciers et à tous ceux qui pourraient être lésés de
faire valoir leurs droits ; si des oppositions surviennent, il est
statué sur elles, puis on inscrit au registre foncier. Le manoir de
famille ne peut être grevé d'hypothèque, **ni aliéné,** ni donné à
bail ; il est insaisissable ; on voit que le régime de l'*homestead* est
bien dépassé. L'exploitation est placée sous la surveillance de
l'autorité qui donne son autorisation pour tout ce qui dépasse la capacité d'un usufruitier. Le propriétaire doit accorder
refuge dans le manoir de famille à ses parents en ligne directe
ascendante ou descendante, et à ses frères et sœurs quand ils ne
sont pas indignes. En cas d'insolvabilité, le manoir est remis à un
gérant qui l'administre. Au décès du propriétaire, il continue
d'exister, pourvu que la transmission en ait été réglée par fondation, fidéicommis ou autres dispositions à cause de mort ; dans le
cas contraire, l'inscription au registre foncier est radiée. Le propriétaire peut dissoudre le manoir de son vivant ; il en donne con-

naissance à l'autorité de surveillance et fait radier l'inscription.

Cette institution, qui n'existe encore qu'en projet, est très curieuse ; elle marque la tendance à revenir dans une mesure déterminée à l'indisponibilité du bien de famille.

G. — *De l'indisponibilité, au profit des enfants, des biens provenant de la succession de l'un d'eux.*

Toutes les législations, y compris la nôtre, ont songé à protéger particulièrement les enfants d'un premier lit contre leur père ou leur mère remariés ; mais ils n'ont donné que des garanties personnelles et non des garanties réelles. Le Code civil péruvien contient à cet égard des dispositions remarquables. Il rend les biens indisponibles au profit de ces enfants. C'est l'institution des réserves. Elle s'étend même au cas où tous les enfants sont du même lit et aussi aux enfants du second.

Le père et la mère qui ont des enfants de différents mariages et qui succèdent à un enfant légitime doivent réserver ce qui provient de cette succession aux descendants issus du même mariage que le *de cujus* ; les biens ainsi réservés passent, au décès du père ou de la mère, aux frères et sœurs du *de cujus* et à leurs descendants. De même, les ascendants qui succèdent à l'un de leurs descendants doivent faire la même réserve quand ces descendants ont laissé des collatéraux qui ne sont pas réservataires d'eux ascendants, ou qui n'en descendent pas. Lorsque le père et la mère succèdent ensemble à un enfant commun, au décès de l'un d'eux le survivant aura la jouissance de cette succession pendant sa vie. Les droits de celui qui doit réserver les biens sont, jusqu'à la consolidation entre ses mains, si elle a lieu, ceux d'un usufruitier. Ce qui est remarquable, c'est que le réservataire n'est pas alors celui qui aurait hérité au décès du *de cujus* ou de ses représentants, mais bien celui vivant au décès de l'ascendant. Par ce moyen, les biens ne sont pas détournés de la famille par le jeu des successions.

H. — *De la communauté continuée.*

Une institution fort remarquable et qui aboutit encore à une indisponibilité du patrimoine existait déjà dans le droit allemand et même dans notre droit ancien ; elle a été consacrée définitivement par le Code fédéral allemand de 1896 ; c'est la continuation de la communauté après le décès de l'un des époux. Elle a pour avantage de ne rien changer à la vie commune et de ne pas troubler l'exploitation agricole, industrielle ou commerciale ; elle n'a lieu que s'il existe des enfants, mais elle ne s'applique pas à ceux d'un premier lit ; elle n'est d'ailleurs jamais obligatoire pour l'époux survivant.

Ce dernier recueille toute la succession qui se confond avec la communauté de manière à former désormais une seule masse, celle de la communauté continuée ; elle se grossit ensuite de tous les biens qui échoient à cet époux, s'ils étaient de nature à y tomber du vivant de l'autre ; les enfants ne sont pas tenus des dettes de la communauté continuée. L'époux survivant, même la femme, possède tous les pouvoirs du mari. Le droit des enfants est intransmissible par succession ; si l'un d'eux vient à décéder, sa part accroît aux autres, lorsqu'il n'a pas de propre descendant. La continuation de communauté est obligatoire pour les enfants, ils ne peuvent demander le partage que si leur auteur eût pu demander la séparation.

Ce que nous devons retenir ici, c'est l'indivisibilité temporaire, c'est-à-dire l'indivision forcée, qui résulte de cette institution.

I. — *De l'indisponibilité subjective sur la demande de l'incapable ou par ordre du père de famille.*

Nous avons vu que toutes les législations mettent sous tutelle celui qui ne jouit pas d'une raison suffisante, l'imbécile ou le fou, le prodigue, etc.; la nouvelle législation allemande y a même ajouté l'ivrogne.

Mais la législation française ne reconnaît que l'interdiction judiciaire sur la demande de la famille ; dans ce cas seul, cette interdiction est prononcée avec l'indisponibilité subjective qui en résulte. Au contraire, d'autres législations admettent que l'incapable peut être interdit sur sa propre demande, et surtout, ce qui est très intéressant, que le père de famille peut par sa seule volonté en décider dans son testament, en ordonnant l'indisponibilité des biens transmis à l'incapable, même de ceux composant la réserve. C'est ce qu'on appelle l'exhérédation *bona mente*.

Le droit commun allemand l'admettait déjà.

Un enfant successible est grevé de dette; la succession ou la réserve qui va lui échoir deviendra immédiatement la proie de ses créanciers; c'est un moyen de l'empêcher. Le *landrecht* prussien était conforme. Il permettait aux parents de restreindre la réserve des enfants, quand les dettes de ceux-ci absorbaient tout ou qu'ils menaient une vie déréglée ou dissipée, ou étaient déments ou imbéciles, mais on ne pouvait leur enlever l'usufruit de leur réserve. On pouvait leur interdire de disposer soit entre vifs, soit à cause de mort, sauf en faveur de leurs descendants, et leur substituer dans leur légitime des frères ou sœurs pour le cas où ils viendraient à décéder sans enfants.

Le Code civil fédéral allemand a recueilli cette institution; il s'agit surtout du successible prodigue, on peut lui substituer ses héritiers légitimes, même quant à la réserve; on peut aussi, à la suite de cette exhérédation, nommer un exécuteur testamentaire qui ne remettra au descendant que le revenu net.

Le droit de divers cantons suisses admet l'exhérédation *bona mente*. D'après l'article 615 du Code civil du Valais, elle a lieu en cas de prodigalité ou d'insolvabilité; il en est de même au Tessin, l'exhérédé a droit alors à des aliments; de même à Bâle-Ville, mais l'exhérédé conserve l'usufruit. A Zurich, Schaffhouse, Zug, elle est admise en cas de faillite, la part de l'exhérédé passe alors à ses cohéritiers; s'il est sans enfants, elle est réduite de moitié. En outre, à Zurich et à Schaffhouse, le *de cujus* peut instituer une tutelle spéciale, ou confier l'administration à un tiers de confiance ou au conseil des orphelins. L'Autriche admet aussi cette exhérédation spéciale; si le successible a beaucoup de dettes, on peut nommer ses enfants héritiers à sa place.

J. — *De l'extension du bénéfice de compétence.*

Nous avons décrit ce bénéfice en droit romain et en droit français. Certaines législations étrangères l'ont singulièrement étendu.

Le nouveau code allemand dans ses articles 528 et 519 organise le bénéfice de compétence au profit du donateur. Ce bénéfice se compose de deux chefs distincts. On suppose d'abord que la donation n'a pas encore été exécutée; le donateur a le droit de se refuser à l'exécution lorsque, en tenant compte de ses autres obligations, il ne peut remplir sa promesse sans mettre en péril son propre entretien conforme à sa situation, ou le paiement des dettes alimentaires qui lui sont imposées par la loi. On suppose ensuite que la donation a été déjà exécutée. Alors, si le donateur n'est plus en état de suffire à son entretien, ni à celui de ses parents, de son conjoint ou de son ex-conjoint ayants droit à une pension alimentaire, il peut demander la restitution de la donation, en suivant les dispositions relatives à l'enrichissement indû; s'il y a plusieurs donataires, le plus ancien n'est tenu qu'à défaut du plus récent. Mais ce droit à la restitution n'existe plus lorsque le donateur a créé son indigence par son dol ou sa faute lourde, ou lorsqu'il s'est écoulé plus de dix ans depuis la prestation de l'objet, ou enfin lorsque le donataire, eu égard à ses autres obligations, n'est pas en état de restituer l'objet de la donation sans que son entretien et celui de ses créanciers alimentaires en souffre.

Le Code péruvien établit la réserve personnelle au profit non plus du donateur, mais de celui qui se livre au jeu ou au pari. Le pari ne peut dépasser le cinquième du revenu mensuel ou du salaire du perdant; les jeux de force ou d'adresse sont permis dans la même mesure.

Suivant le Code mexicain, une donation est nulle lorsqu'elle porte sur tous les biens du donateur et que celui-ci ne se réserve pas le nécessaire pour vivre ou l'usufruit du bien donné. Il en est de même en droit chilien; si le donateur a omis de garder le nécessaire, il pourra à toute époque contraindre le donataire à lui fournir soit sur les biens donnés, soit sur ses biens personnels, un capital, un usufruit ou une rente viagère suffisants pour ses besoins, eu égard à l'importance de la donation. En outre, s'il est poursuivi par le donataire en exécution de la donation, il peut invoquer le bénéfice de compétence. Il en est de même au Brésil. La donation de tous biens est nulle si elle ne contient pas réserve de l'usufruit ou de ce qui est nécessaire au donateur pour vivre.

Plusieurs législations suisses renferment une disposition analogue. Le Code de Soleure porte dans son article 1310 que, lorsque celui qui a promis un don tombe dans un état qui le conduirait à l'indigence s'il remplissait sa promesse, il jouit du bénéfice de compétence.

K. — *Du potentiel de travail conservé pour l'assurance obligatoire.*

Nous avons décrit plus haut le système inauguré par la loi française de 1898 pour procurer à l'ouvrier, rendu par un accident incapable de travail, l'équivalent de son salaire. La caractéristique de cette loi, c'est : 1° qu'elle ne s'applique qu'à l'incapacité de travail résultant d'un accident ; 2° qu'elle n'implique point l'assurance par l'ouvrier comme instrument. En vertu de la théorie des risques professionnels, c'est le patron qui, outre le salaire actuel, doit fournir l'équivalent du salaire éventuel. L'ouvrier n'y contribue point, l'État non plus.

Le système des lois étrangères importantes qui ont réglé la même question diffère. C'est tantôt l'ouvrier, tantôt le patron qui s'assure, et cette assurance est obligatoire ; mais l'ouvrier, quand il doit s'assurer, a pour fournir la prime le concours du patron et celui de l'État.

Nous décrirons sommairement le système allemand et le système autrichien. D'autres pays, la Belgique, le Danemark, la Suède, la Suisse, sont sur le point de les suivre. Même en Suisse l'assurance obligatoire contre l'incendie a été elle-même édictée : à Berne par la loi du 30 octobre 1881, à Zurich par celle du 25 octobre 1885 ; et celle contre le chômage a été votée à Saint Gall par la loi du 19 mai 1894, mais abandonnée depuis. Le principe de l'obligation semble donc prévaloir dans le monde germanique.

En Allemagne, c'est la loi du 6 juillet 1884 qui a établi l'assurance obligatoire pour la plupart des ouvriers et employés de l'industrie ; elle avait été précédée par celle du 7 juin 1871 sur les accidents de chemins de fer, d'après laquelle il y avait interversion de la preuve ; elle a été complétée par celles du 28 mai 1885, du 15 mars 1886, des 11 et 13 juillet 1887 qui l'étendent à presque tous les travailleurs manuels. En dehors se trouvent d'autres personnes pour lesquelles l'obligation n'existe pas, mais qui peuvent s'assurer aux mêmes conditions ; en outre, les législations locales peuvent déclarer l'assurance obligatoire pour ces personnes qui comprennent surtout les ouvriers agricoles et forestiers.

La protection du potentiel du travail est complète, il ne s'agit pas seulement, comme en France, d'accidents, mais de toute incapacité de travail survenue de quelque manière que ce soit, de la vieillesse, des infirmités. En cas d'accident, si l'incapacité de travail est absolue, l'ouvrier a droit aux deux tiers de son salaire (cette quotité a été admise depuis par la loi française) ; si elle est partielle, à une quotité proportionnelle ; lorsque l'ouvrier n'est pas assuré en même temps contre les maladies, c'est le patron qui pendant les treize premières semaines lui doit un secours ; dans le cas contraire, c'est la caisse d'assurances contre les maladies. Si l'accident a causé la mort, la caisse paie les frais funéraires et une fraction de la pension consistant en deux tiers du salaire, fraction qui varie pour la veuve, les enfants et les descendants ; la veuve perd son droit en cas de convol, les enfants voient finir le leur à l'âge de 15 ans, et les ascendants n'y ont droit que si le décédé était leur seul soutien. *L'indemnité est insaisissable.* Tous les paiements se font par l'intermédiaire de la poste. Le seul cas où l'indemnité n'est pas due, c'est celui où la victime a provoqué volontairement l'accident ; sa faute, même lourde, n'est pas contre elle une cause de déchéance ; mais aussi les ouvriers n'ont de recours direct contre le patron que si celui-ci a causé l'accident à dessein.

Les sommes annuelles formant les primes de l'assurance sont fournies par les patrons seuls, les ouvriers n'y contribuent nullement. Les caisses d'assurances sont des associations non locales, mais professionnelles, par industries ; les intéressés les constituent comme ils le veulent ; ce n'est qu'à défaut que l'autorité les établit d'office. La prime est plus ou moins forte, suivant que le patron prend ou non des précautions spéciales pour empêcher les accidents. Ce sont les directeurs qui fixent les indemnités dues, sauf recours devant la juridiction arbitrale, puis devant l'office impérial des assurances. La première se compose d'un président nommé par l'État, d'un assesseur choisi par les patrons et d'un autre élu par les ouvriers.

C'est la loi du 15 juin 1883 qui a rendu obligatoire l'assurance contre les maladies. Cette assurance donne à l'ouvrier le droit au traitement pendant treize semaines. L'assuré peut s'adresser à la caisse qu'il préfère ; ces caisses sont toutes des assurances locales. La cotisation ne peut dépasser 1 1/2 % du salaire journalier, elle peut s'élever par exception à 2 % ; les fonds sont avancés par le patron qui les retient ensuite sur le salaire ; il en supporte personnellement un tiers et ne doit prélever lors de la paie que les deux autres tiers ; les caisses se limitent, autant que possible, aux personnes exerçant les mêmes professions.

L'assurance obligatoire contre la vieillesse a été édictée par la loi du 24 janvier 1889.

Toutes les personnes vivant d'un travail manuel et âgées de 16 à 70 ans sont soumises à l'assurance obligatoire, pourvu que leur salaire ne dépasse pas 2,000 marks. Pour la quotité de la prime, les assurés forment quatre catégories, d'après le chiffre du salaire, 1° au-dessous de 300 marks; 2° de 300 à 350 marks; 3° de 350 à 850 marks; 4° tous les autres. La prime hebdomadaire est, suivant ces classes, de 14, 20, 24 et 30 pfennigs; elle est payable par le patron qui en retient la moitié sur le salaire; le paiement est fait, sous forme d'achat à l'établissement d'assurances de timbres-quittance qu'on colle chaque semaine sur une carte-quittance que les ouvriers doivent toujours conserver et qui en même temps sert de livret. Quand l'ouvrier passe d'un établissement à un autre, on répartit entre les diverses caisses la charge de la pension liquidée; un bureau spécial de calcul est fondé dans ce but et siège à Berlin. C'est la même loi qui établit l'assurance pour invalidité, de sorte que les deux marchent de front. Il faut avoir payé quelque temps la prime pour avoir droit à la pension, savoir : pendant cinq ans pour l'invalidité, pendant trente ans pour la vieillesse. L'État contribue, mais seulement au moment de la liquidation, en fournissant une somme fixe de 50 marks. La pension varie suivant le nombre d'années de la cotisation pour l'invalidité; elle varie, pour la vieillesse, seulement suivant la classe :

1re classe	106 marks 40	= 133 fr.
2e —	134 — 60	= 168 fr.
3e —	162 — 80	= 203 fr. 50
4e —	191	= 238 fr. 75

Ce n'est point l'État, mais des établissements d'assurances au nombre de vingt-six pour l'empire, qui gèrent l'assurance; le directeur est assisté d'un comité, mi-partie de patrons, mi-partie d'ouvriers; on y adjoint un conseil de surveillance, plus un commissaire chargé du contrôle et qui fait fonction de ministère public près le tribunal arbitral. Celui-ci existe partout où il y a un établissement d'assurance. Il est présidé par un fonctionnaire inamovible et composé d'un nombre égal de patrons et d'ouvriers. L'office impérial est tribunal d'appel.

Enfin il existe l'assurance contre l'invalidité, bien distincte de celle contre la maladie. L'invalidité est l'incapacité permanente du travail, il n'est pas besoin que cette incapacité soit totale, il suffit qu'on ne puisse plus gagner un sixième du salaire moyen. La pension d'invalidité varie suivant le nombre d'années de paiement de la prime et les classes établies d'après le salaire.

Nombre des années pendant lesquelles la cotisation a été payée.	1re classe	2e classe	3e classe	4e classe
5 ans	114.50	124.10	131.15	140.55
10 ans	119.40	138.20	152.30	171.10
20 ans	128.80	166.40	194.60	232.30
30 ans	138 20	194.60	236.90	293.20
40 ans	147.60	222.80	279.20	354.40
50 ans	157.	261	321.50	415.50

Telle est la vaste synthèse de la législation allemande. L'assurance obligatoire et la garantie de l'ouvrier sur son travail comprend quatre branches : 1° la maladie, 2° l'invalidité, 3° la vieillesse, 4° les accidents. Elle ne s'étend pas jusqu'au chômage, ni d'autre part, jusqu'au cas de mort survenue autrement que par accident. Par cette ampleur, ce système est supérieur à celui que nous venons d'inaugurer en France ; mais on peut regretter que cet effort aboutisse souvent à une pension minime. Pas plus qu'en France, du reste, l'ouvrier ne contribue à l'assurance en cas d'accidents.

L'Autriche a suivi l'exemple de l'Allemagne, mais elle n'a pas institué l'assurance obligatoire contre la vieillesse.

C'est la loi du 26 décembre 1887 qui a introduit les assurances obligatoires contre les accidents. L'obligation n'atteint pas tous les ouvriers, mais seulement ceux des usines, chantiers, mines, carrières, constructions et tous autres travaux où l'on emploie des machines à vapeur. L'indemnité est, en cas de blessure, une rente à partir de la cinquième semaine, époque où cesse l'effet de l'assurance contre la maladie ; elle s'élève, en cas d'incapacité de travail, à 60 % du gain annuel ; si l'incapacité n'est que partielle, elle est réduite en proportion, sans jamais pouvoir dépasser une certaine quotité du salaire ; en cas de mort, outre le paiement des frais funéraires, la pension est une fraction de celle accordée en cas de vie, fraction qui s'élève à 20 % pour la veuve jusqu'à son convol, du même taux pour le veuf incapable de travailler, de 15 0/0 pour chaque enfant jusqu'à 15 ans, de 20 0/0 pour les ascendants dans le besoin ; toutes ces petites pensions réunies ne peuvent dépasser 50 0/0 du gain annuel. La déchéance n'a lieu que si la victime a causé volontairement l'accident, mais l'ouvrier peut demander des dommages-intérêts plus élevés au patron, si celui-ci a commis une faute lourde. Il y a dans ce but des établissements d'assurances fondés sur la mutualité ; ces corporations se forment non par professions, mais par provinces. C'est le comité de direction qui fixe les indemnités, sauf recours devant un tribunal arbitral.

C'est la loi du 30 mars 1888 qui a rendu obligatoire l'assurance contre la maladie.

Tels sont les éléments, épars dans les diverses législations, d'un vaste système qui assurerait à chacun, contre tous et contre lui-même, de ne pas descendre, une position sociale étant donnée, au-dessous d'un certain minimum de ressources représentant une quotité de son capital ou de son travail ; c'est avec ces matériaux que nous allons essayer maintenant de construire une synthèse pratique.

TROISIÈME PARTIE. — LA PRATIQUE

Après cette observation de l'état actuel du droit de patrimoine et des germes qu'il renferme, après la constatation de la théorie et des principes, nous pourrons rapidement en déduire les conséquences logiques et pratiques et essayer de fonder sur ce terrain le droit de l'avenir.

Au point de vue pratique, nous l'avons dit, il y a plusieurs buts importants à poursuivre : 1° d'abord empêcher le déclassement, surtout le *déclassement subit* avec ses conséquences *personnelles* et *sociales* cruelles et dangereuses, soit pour l'individu, soit pour les êtres plus faibles qui en dépendent, la femme, l'enfant, soit pour la famille entière, et faire en sorte que celui qui a joui d'une certaine aisance n'en soit jamais tout à fait dépourvu; sans doute la généralité des citoyens n'est pas protégée ainsi, car beaucoup n'ont et n'auront jamais eu de patrimoine, mais ceux auxquels on viendra en aide ont une sensibilité affinée, une intelligence ou au moins une culture plus grande, et ils souffrent avec intensité de leur chute; d'ailleurs la société en souffre aussi, car ils deviennent les ferments des luttes de classes et des dissociations. — 2° Ensuite protéger la fortune naissante, l'entourer comme d'un retranchement, tant qu'elle n'a pas acquis la vigueur nécessaire et l'empêcher de s'affaisser dès qu'elle s'élève. — 3° Enfin, et ce dernier but concerne surtout les classes ouvrières, empêcher de tomber du travail prospère à l'absence de travail, à la misère, au vagabondage, ou à l'assistance publique pour toute ressource.

Ces buts différents sont applicables à l'universalité des individus, car ceux qui n'ont pas de patrimoine en capital l'ont en travail. L'aisance relative de tous se trouve ainsi asssurée, et, en tous cas, la misère absolue est écartée; en outre, aucun ne déchoit brusquement ni lui, ni sa famille, de la situation qu'il a occupée; que si l'on veut monter ou remonter au-dessus de l'état présent, des facilités sont données qui protègent l'effort pendant quelque temps, jusqu'à ce que le patrimoine se soit formé ou reformé. Cette protection ne s'adresse pas seulement à l'individu, mais aussi aux personnes sous sa dépendance, sa femme, ses enfants, et en ce qui les concerne, cette protection redouble, est plus complète. Elle est plus absolue aussi, lorsque l'individu est d'une capacité inférieure, ou se laisse entraîner plus facilement ; alors, par exemple, l'indisponibilité protectrice de partielle devient totale.

Ce sont ces buts très nets qui font la valeur de l'ensemble d'institutions que nous voulons instaurer, et il ne faut jamais les perdre de vue en établissant cette synthèse, car le droit n'est pas fait pour le plaisir platonique de l'ordre, de la logique, des principes, même justes, mais surtout pour l'utilité, et c'est le bon sens qui doit servir de contrôle suprême.

Nous diviserons ce qui suit en deux parties : celle qui concerne le patrimoine capital et celle qui concerne le patrimoine travail.

La réserve personnelle du patrimoine capital n'intéresse pas seulement le patrimoine dans son ensemble et sa totalité, mais aussi les objets particuliers pouvant en dépendre. Elle se compose de trois éléments qui concourent à ne pas laisser déchoir, à savoir : 1° l'indisponibilité ; 2° l'indivisibilité ; 3° l'assurance. La première empêche que le patrimoine ne soit diminué outre mesure par un acte juridique ; la seconde, qu'il ne se divise entre trop d'ayants droit, de sorte que chacun n'en ait qu'une part insignifiante en nature ; la troisième, qu'il ne se perde matériellement par le résultat d'une destruction ou d'une dégradation physique. L'indisponibilité comprend trois éléments dont les deux derniers la complètent : 1° l'inaliénabilité, ce qui implique l'interdiction de grever de droits réels, hypothèques ou servitudes ; 2° l'insaisissabilité ; 3° l'imprescriptibilité. Elle est d'ailleurs tantôt subjective et tantôt objective. Elle est subjective, lorsqu'elle est édictée en raison de l'incapacité relative de la personne. L'indisponibilité dans un autre sens comprend celle au profit de l'individu, celle au profit de la femme, celle au profit de l'enfant commun, celle au profit de l'enfant du premier lit et celle au profit de la famille entière. Enfin l'indisponibilité est volontaire, ou elle est tacite, ou elle est forcée, imposée par la loi.

A son tour, le second élément constituant la réserve du patrimoine capital, l'indivisibilité, peut être volontaire ou forcée ; elle a lieu toujours dans l'intérêt de la famille.

Le troisième élément, l'assurance, garantit les objets du patrimoine contre les risques matériels, le feu, la foudre, l'inondation, s'il s'agit de constructions; la grêle, l'épizootie, le transport, l'insolvabilité, s'il s'agit d'autres objets. Elle est aussi volontaire ou forcée.

Dans l'établissement de cette réserve personnelle sur le capital, il faut observer deux limites, sans lesquelles, parfaite en théorie, elle deviendrait impraticable et même nuisible en pratique. 1° Elle ne doit être que partielle quand il s'agit de l'ensemble du patrimoine, autrement celui-ci serait frappé d'une perpétuelle immobilité, ce qui serait une cause de dépérissement pour l'individu lui-même; 2° elle doit exister plutôt en valeur qu'en nature, c'est-à-dire qu'on doit pouvoir échanger le bien affecté contre un autre ou l'aliéner à charge de remploi garanti.

La réserve personnelle du patrimoine travail s'applique : 1° aux instruments de travail; 2° au capital en voie de formation; 3° au salaire; 4° à l'équivalent du salaire; 5° enfin au potentiel du travail. Cette dernière se réalise le plus souvent au moyen de diverses assurances contre la mort, les accidents, la maladie, l'invalidité, la vieillesse, le chômage. En ce qui concerne les quatre premières, il s'agit d'indisponibilité; en ce qui concerne la dernière, d'assurance. Il n'y a, relativement au travail, rien qui corresponde à ce qu'est l'indivisibilité en matière de capital, si ce n'est en cas d'*homestead* où l'insaisissabilité est doublée d'une certaine indivisibilité. La réserve du patrimoine travail peut être volontaire ou forcée. Elle peut profiter à l'individu seul ou aussi à la femme et à l'enfant.

CHAPITRE PREMIER. — Réserve personnelle

SUR LE PATRIMOINE-CAPITAL.

Le premier élément de cette réserve est l'*indisponibilité*, laquelle s'analyse en : 1° incessibilité, 2° insaisissabilité, 3° imprescriptibilité. Souvent les trois sont séparées : nous croyons, au contraire, qu'elles devraient toujours être réunies.

SECTION PREMIÈRE. — DE L'INDISPONIBILITÉ PARTIELLE
DU PATRIMOINE ET DES OBJETS PARTICULIERS.

Nous avons vu que cette indisponibilité peut être subjective ou objective ; celle subjective est établie en raison soit de l'intelligence insuffisante, soit des passions, soit de la dépendance de la personne. Il y a lieu de se demander si cette indisponibilité subjective ne doit pas être étendue au delà de ses limites actuelles. Celle objective est presque tout entière à créer.

I. — *De l'indisponibilité subjective.* — Il est fort important que ceux dont la capacité n'est pas complète soient très énergiquement protégés, soit contre les tiers, soit contre eux-mêmes. Or cette protection est actuellement défective sous trois rapports : 1° elle ne s'applique pas à un assez grand nombre de catégories de personnes ; 2° trop peu d'intéressés seulement ont le droit de la requérir ; 3° elle n'est pas assez complète ni assez efficace.

En droit français, la protection spéciale se traduisant en indisponibilité ne s'applique qu'à l'aliéné, à celui qui est faible d'esprit, au prodigue ; la femme mariée est bien protégée en raison de sa dépendance, mais cette protection ne se réalise pas en indisponibilité des biens, si ce n'est sous un régime spécial, le régime dotal. A ces catégories le Code allemand nouveau est venu joindre celle de l'ivrogne, qu'on peut mettre en état d'interdiction. Cette addition est très juste. Il faudrait y ajouter aussi le joueur, même lorsqu'il ne peut être qualifié de prodigue proprement dit ; enfin le vieillard, lorsque son âge aura affaibli sa raison. Ce n'est pas tout : le sourd, le muet, le paralytique, tous ceux qui ne peuvent avoir une volonté libre et éclairée devraient être soumis à une tutelle. Dans cette situation, ils ne pourraient disposer de leur patrimoine, même lorsqu'ils seraient émancipés, sans une autorisation judiciaire, et on devrait limiter les cas où les tribunaux auraient le droit de l'accorder, car on l'obtient souvent trop facilement. Quant à la femme mariée, la seule protection efficace qu'on pourrait lui donner consisterait dans l'indisponibilité partielle de ses biens, sous quelque régime que ce fût. En effet, elle est très vivement sollicitée par son mari pour la vente de ses propres et elle n'est guère libre de refuser ; elle se voit bientôt ruinée, si la loi ne vient à son secours en la protégeant malgré elle. Mais nous nous en occuperons seulement un peu plus loin en la comprenant parmi les membres de la famille.

Notre Code ne présente pas une lacune moins considérable quand il s'agit des personnes qui peuvent intervenir pour demander la mise en tutelle et l'indisponibilité qui en est la conséquence. Ce sont seulement certains parents et l'interdiction ne peut être prononcée que par le tribunal. Cependant des législations étrangères admettent l'incapable lui-même à demander sa propre interdiction : ce n'est que justice. Une personne se sent faible d'esprit et surtout joueuse, prodigue, entraînée par ses passions, elle voudrait être protégée, avoir son patrimoine assuré. Pourquoi ne pourrait-elle pas saisir les tribunaux de sa demande? Ceux-ci s'assureraient qu'elle ne cherche pas à faire fraude à ses créanciers, puis, rassurés de ce côté, accorderaient facilement, car la mesure ne peut être qu'utile à tout le monde. Plus tard, à la requête du même, ils pourraient donner mainlevée de l'interdiction, à condition toutefois qu'un certain temps se fût écoulé. Enfin le même devenant majeur pourrait demander la prolongation de la tutelle. Les parents le pourraient aussi sans être obligés de prouver de prodigalité ni de faiblesse d'esprit bien caractérisées, surtout si l'incapable y consentait.

Mais, à ce point de vue, il y aurait lieu d'introduire une institution plus utile et plus pratique encore. Le père laisse un fils prodigue, ou ivrogne, ou faible d'esprit ou de corps. Il voudrait bien le protéger outre-tombe. Le peut-il? Non, dans notre droit; ou il lui faudra employer des subterfuges qui ne réussiront [guère. Il lui donnera sa part héréditaire en une rente viagère, mais il ne peut convertir ainsi que son disponible, non sa réserve qu'il faudra lui laisser en capital de valeurs héréditaires; et d'autre part, le fils ainsi réglé, s'il a besoin d'une somme, ne saurait se la procurer; que s'il se marie, il ne transmettra rien à sa femme ni à ses propres enfants; enfin la constitution d'une rente viagère se fait à des conditions onéreuses en raison des tarifs actuels des compagnies d'assurance sur la vie. Si, au moins, avec ces inconvénients il pouvait ainsi conserver à l'enfant toute sa part! Mais non, celui-ci pourra dévorer sa réserve.

Un autre expédient est employé : le père de famille lègue à l'enfant seulement l'usufruit de sa part héréditaire, et en même temps la nue-propriété de cette part aux petits-enfants nés de celui-ci.

Mais d'autres inconvénients apparaissent; il ne pourra léguer la nue-propriété qu'aux enfants nés seulement et non à ceux à naître à son propre décès. Injustice, inégalité qui le choque! D'autre part, il peut déclarer cet usufruit insaisissable, mais seulement à l'encontre des créanciers antérieurs, et il n'aurait pas le droit de le déclarer incessible, de sorte qu'il est aisé de déjouer toutes ses prévisions. Il en était, du reste, de même de la rente viagère quant à la cessibilité. Enfin il ne peut prendre ces arrangements que pour la part de disponible et non pour la réserve.

Il reste un dernier moyen, c'est celui des substitutions fidéicommissaires dans les cas où elles sont permises, au profit des petits-enfants et des neveux. Le gratifié est bien propriétaire et l'objet donné incessible et insaisissable entre ses mains puisqu'il doit rendre à sa mort à l'appelé. Le but semble donc atteint, cette fois. Il n'en est rien : d'abord les substitutions ne sont permises que dans des cas spéciaux; puis, le testateur ou le donateur ne peut disposer ainsi que du disponible et non de la réserve. Il existe encore en fait un autre inconvénient. Le grevé a les mains trop liées, il ne peut plus disposer par testament; il perd son autorité de père de famille vis-à-vis de ses descendants, et quelle que soit la conduite de ceux-ci, devra leur transmettre son patrimoine.

Tous ces défauts et l'impossibilité d'atteindre le but viennent de deux vices capitaux de la législation : 1° l'obligation de laisser à l'enfant sa réserve aliénable et saisissable; 2° la recherche de moyens indirects et embrouillés pour un résultat qu'on pourrait obtenir directement. Cependant il serait bien désirable que le père pût, en ce qui concerne sa succession, prononcer sans éclat une sorte d'interdiction] contre son enfant, se bornant à l'indisponibilité totale du patrimoine transmis. Il ne le ferait que dans l'intérêt de cet enfant, et s'il en était autrement, celui-ci pourrait attaquer la mesure testamentaire devant les tribunaux et la faire réformer en tout ou en partie, mais en fournissant la preuve de sa capacité. D'ailleurs, le père de famille pourrait limiter cette sorte d'interdiction à un certain temps.

L'obligation de laisser à l'enfant sa réserve non grevée d'indisponibilité ne se justifie pas. Elle est souvent éludée parce que le père dispose que, si le testament n'est pas respecté, l'enfant sera privé du disponible; il se montre ainsi plus sensé que la loi. Mais pourquoi l'indisponibilité stipulée, si elle est avantageuse à l'enfant, serait-elle une atteinte à la réserve? Est-ce qu'au contraire elle n'augmenterait pas la valeur de cette réserve, puisqu'elle serait opposable aux créanciers, même antérieurs, de l'enfant? La recherche des moyens indirects est une habitude fâcheuse de notre Code. Pourquoi ne pas faire directement ce qui est possible ainsi, et recourir sans cesse à des procédés détournés, à peu près équivalents, sous prétexte de symétrie juridique et de prétendus principes de droit qui n'existent que dans l'imagination des juristes? Dès qu'une chose est utile et juste, qu'exiger de plus? Ce sont ces subterfuges qui rendent les solutions complètes impossibles, compliquent tout et faussent tout.

Or, il est un moyen très simple, capable d'atteindre entièrement le but et que le père de famille emploierait, si la loi le lui permettait. Il aurait directement le droit, sans substitution ou autre manœuvre d'aucune sorte, de rendre par sa volonté le patrimoine ou un objet légué indisponible entre les mains du légataire pendant sa vie, non seulement en ce qui concerne le disponible, mais aussi en ce qui concerne la réserve. Il pourrait ne frapper ainsi qu'une portion ou le tout. Il pourrait même limiter la durée de l'indisponibilité. Au décès du légataire, ces biens passeraient avec les autres de sa succession à ses héritiers ou à ses légataires; mais les créanciers ne pourraient saisir, même après sa mort.

L'indisponibilité de l'objet ou du patrimoine légué serait absolue. Ni les créanciers antérieurs ni ceux postérieurs du légataire ne pourraient les saisir, même les fournisseurs d'aliments. Seuls ceux auxquels le légataire en devrait en raison de parenté ou d'alliance pourraient saisir pour le montant de leur créance alimentaire fixée, mais seulement les revenus, pour qu'ils soient distribués judiciairement entre leur débiteur et eux, en proportion des ressources et des besoins.

Le légataire pourrait aliéner, mais à charge d'un remploi surveillé; de même toutes les valeurs mobilières de la succession devraient être employées, avec maintien de l'indisponibilité dans les emplois.

Enfin le testament serait publié, et l'indisponibilité inscrite au bureau des hypothèques sur les immeubles qui en seraient grevés, pour pouvoir être opposée aux tiers.

Tel serait l'ensemble d'une institution que nous avons relevée en partie chez les législations étrangères admettant l'exhérédation *bona mente*, et qui serait construite cette fois de toutes pièces. Ce serait une véritable satisfaction pour le père de famille qui va mourir inquiet de l'usage qu'un des enfants pourra faire de sa succession, et qui ne peut empêcher d'avance sa ruine, si cette faculté lui était donnée ; ce ne serait pas moins l'intérêt de l'enfant.

Il faut noter que tout l'appareil, désagréable souvent, de la tutelle ou de la curatelle sera écarté ainsi : le mot d'interdiction ne sera même pas prononcé ; s'il y a lieu d'aliéner, ce sera l'enfant qui s'adressera lui-même aux tribunaux pour y être autorisé. Tout scandale sera épargné ; le résultat utile atteint.

Enfin la protection des incapables n'est ni assez complète, ni assez efficace. Par exemple, en ce qui concerne le prodigue, celui-ci reste à la tête de ses affaires, peut dépenser comme il le veut tous ses revenus. D'autres législations ont vu cet inconvénient et ont mis suivant les cas le prodigue tantôt en tutelle, tantôt en curatelle, ce qui vaut mieux. D'autre part, les conseils de famille, et après eux, les tribunaux accordent trop facilement l'aliénation et le remploi n'est pas surveillé, aussi la garantie devient trop souvent illusoire.

II. — *De l'indisponibilité objective.* — Cette indisponibilité, partielle cette fois, peut et doit être édictée ou stipulée au profit de l'individu, ou des membres de sa famille sous sa dépendance, de la femme mariée, de l'enfant commun ou issu d'un lit précédent, ou au profit de la famille, de la race dans son ensemble. Ces diverses réserves doivent être étudiées séparément. Chacune d'elles est volontaire et résulte d'une convention, ou forcée et résulte de la loi.

A. — *Indisponibilité au profit de l'individu.* — Il faut distinguer ici celle qui vient de la force des choses et des effets logiques d'une convention ou d'une situation, c'est l'indisponibilité *tacite ;* celle expressément stipulée, ou *volontaire;* et celle *forcée* qui devrait être imposée par la loi.

a) *Indisponibilité tacite.* — L'indisponibilité tacite est au fond conventionnelle, c'est une convention supposée, mais qui ne l'est que parce que la situation naturelle l'indique déjà ; on pourrait donc l'appeler plus exactement peut-être l'indisponibilité *naturelle.* Dans quels cas la nature elle-même indique-t-elle que tel objet doit être incessible et insaisissable ?

C'est tout d'abord lorsque l'objet a un caractère alimentaire, c'est-à-dire doit servir à l'entretien du bénéficiaire ; notre Code lui-même le reconnaît dans certains cas, mais nous n'y rencontrons que les amorces de cette idée. Suivant lui, toute rente donnée à titre d'aliments est insaisissable. Est-elle par là même incessible ? Non. Cette insaisissabilité se comprend. Lorsque le donateur s'exprime ainsi, c'est qu'il entend absolument que la rente ne puisse servir aux créanciers, autrement il n'eût pas donné ; il y a volonté tacite. En outre, pourquoi une pension alimentaire si elle peut être saisie ? Elle serait alors vendue pour un capital. Toute l'économie de la disposition serait détruite. Seulement notre législation contient à ce sujet deux lacunes. Cette pension n'est pas incessible ; elle peut être saisie, en outre, par les créanciers postérieurs pour une somme que le juge détermine. L'intention du testateur était tout autre ; la nature de l'objet est différente aussi ; la valeur alimentaire doit être insaisissable, même pour les créanciers postérieurs.

Le Code ajoute que les sommes et objets déclarés insaisissables par le donateur ou le testateur le seront aussi, mais il exige une déclaration expresse. Malgré la généralité du mot *objets*, on s'accorde à reconnaître qu'il ne s'applique pas aux immeubles, peut-être même pas aux meubles. D'ailleurs, l'inaliénabilité n'y est pas attachée. Nous pensons qu'il fallait généraliser en ce qui concerne les rentes ou pensions viagères données. Elles nous semblent, de plein droit et par la force des choses, alimentaires, sans qu'il soit besoin de le dire dans la donation. Consultez le donateur ou le testateur, et demandez-lui s'il a l'intention que les créanciers du donataire ne puissent saisir la rente et en profiter, s'il n'a pas aussi celle que le donataire, dans un moment de besoin ou de prodigalité, ne puisse vendre, à vil prix toujours, sa rente viagère. Il vous répondra invariablement que son intention est telle ; bien plus, il ajoutera qu'il croyait que la loi en décidait ainsi, que s'il avait prévu le contraire, il n'eût pas donné. C'est que son intention n'est pas purement volontaire, elle repose sur les choses elles-mêmes, sur l'emploi nécessaire qui résulte de la nature même de la valeur.

Ainsi, toutes les fois qu'on donne une rente viagère ou une pension, l'intention du donateur ne saurait être douteuse, il la veut, il la croit même incessible et insaisissable. Pourquoi alors exiger par un formalisme inutile qu'il déclare que c'est à titre alimentaire ou sous la condition d'insaisissabilité qu'il dispose?

L'intention ne fonde pas seule cette insaisissabilité et cette inaliénabilité. Le fait que l'objet donné est sans capital, qu'il ne se compose que de revenus, joint à cet autre que les revenus sont régulièrement dépensés pour vivre, confère le caractère alimentaire et par conséquent ouvre l'insaisissabilité; le fait que les revenus ne sont pas destinés à être capitalisés et vendus, que cette vente serait à vil prix et destructive ainsi du droit lui-même, suffit en raison à conférer l'inaliénabilité.

Il est une valeur très analogue, au point de vue économique, à la rente viagère, c'est l'usufruit; l'un et l'autre consistent uniquement en des revenus, sans capital; l'un et l'autre ont une durée viagère; enfin les deux ont un caractère alimentaire bien marqué. L'usufruit, s'il est vendu, l'est presque toujours à vil prix, l'aléa est trop grand; il existe, il est vrai, des tables de mortalité, mais ces tables ne tiennent pas compte de la santé ni d'autres éléments particuliers. Sur tous les points, il y a concordance entre ces deux valeurs; elles ne diffèrent qu'en ce que l'usufruit est gagé sur un immeuble. On devrait donc y appliquer les mêmes règles. Il n'en est rien. Notre Code n'admet pas la constitution d'usufruit insaisissable, même lorsque le donateur déclare expressément qu'il donne à titre d'aliments ou qu'il stipule l'insaisissabilité. Cette distinction est peu logique et peu pratique. L'usufruit au profit du donataire ou du légataire devra être de plein droit insaisissable et incessible, et, comme la rente viagère elle-même, même vis-à-vis des créanciers postérieurs. Le donateur n'a mis dans le patrimoine du donataire qu'à cette condition.

Ainsi donc, toutes les fois que la donation ou le legs consistent en une rente viagère ou en un usufruit, il y aura *insaisissabilité et indisponibilité tacite* entre les mains du donataire ou du légataire.

Nous n'admettons pas la saisissabilité au profit des *créanciers postérieurs*, même dans la mesure fixée par le juge. L'intention du disposant est que cette valeur alimentaire échappe entièrement aux créanciers. Nous n'admettons pas davantage la saisissabilité au profit des fournisseurs d'aliments; c'est à ceux-ci à prendre des précautions. Seulement, comme l'usufruitier ou le crédi-rentier pourrait se trouver ainsi privé de tout crédit, il lui serait loisible de céder, aux divers fournisseurs d'objets nécessaires à la vie, le cinquième du terme actuel de la rente ou de l'usufruit ; il lui serait interdit de faire aucune cession d'avance sur les termes ultérieurs. Cette cessibilité partielle lui serait plus utile que la saisissabilité partielle. En effet, cette dernière ne rassure pas le créancier, parce qu'il peut se trouver en concours avec beaucoup d'autres, et par là même ne crée pas de crédit au débiteur ; au contraire, la cessibilité partielle atteindra ce but. Il faudra que la cession soit inscrite sur le titre de rente et notifiée au débi-rentier ou au fermier ; à partir de ce moment, elle deviendra opposable aux tiers, c'est-à-dire à tous cessionnaires ultérieurs.

L'insaisissabilité cessera vis-à-vis des parents ou alliés, créanciers eux-mêmes d'aliments ; la répartition entre le créancier alimentaire et l'alimentaire débiteur sera faite alors par justice, l'usufruit ou la rente en capital ne pourront être saisis, mais seulement les arrérages.

Lorsque le donateur ou le testateur ont constitué un usufruit, il reste entre leurs mains ou celles de leurs héritiers une nue-propriété. Celle-ci n'a rien d'alimentaire, puisqu'elle ne donne aucun revenu ; mais, sous certains rapports, elle ressemble à l'usufruit. Tant que la nue-propriété et l'usufruit sont séparés, ils ont le grand désavantage de ne pouvoir être vendus qu'à vil prix ; les aliéner c'est les détruire, en réalité, pour leurs ayants droit. Aussi la saisie d'un usufruit est un désastre, celle d'une nue-propriété l'est aussi et peut-être encore davantage. Il en est de même de la vente volontaire. Ne serait-il pas expédient, à ce point de vue, d'en interdire et la saisie et même la vente ? Ce ne serait pas une prohibition capricieuse. On protégerait le nu-propriétaire contre les créanciers et contre lui-même. La nue-propriété qui reste entre les mains du donateur ou des héritiers du testateur devra donc être insaisissable et incessible, comme l'usufruit. Cependant la vente volontaire en sera permise toutes les fois que le nu-propriétaire et l'usufruitier se mettront d'accord pour vendre ensemble en toute propriété, leurs droits respectifs se reportant ensuite sur le prix, mais la saisie sera défendue absolument. En outre, dans certains cas, par exemple, lorsque l'objet est en train de dépérir, ou qu'il s'agit d'une valeur douteuse, ou devenue aléatoire depuis la constitution, le nu-propriétaire ou l'usufruitier pourra exiger la vente en toute propriété, sauf aux droits à se reporter sur le prix ou sur la valeur acquise en remploi ou en échange.

Au lieu de donner une rente viagère ou un usufruit, le donateur ou le testateur peut opérer inversement; il donne un immeuble ou une autre valeur en toute propriété, et stipule à son profit, soit une rente viagère, soit la réserve de l'usufruit. Cela est très fréquent dans les donations contenant partage. Les descendants tiennent à s'assurer, pour après son décès, la succession du père de famille, mais celui-ci garde tout entre ses mains au moyen de l'usufruit; ou bien le dessaisissement est actuel, mais les donataires serviront à l'ascendant, sous forme de rente viagère, ce qui lui est nécessaire pour vivre. La réserve faite est essentiellement alimentaire. Cependant le Code français ne permet pas de la stipuler incessible et insaisissable. L'ascendant âgé pourra, dans un moment de faiblesse, la vendre, en toucher le prix, dissiper celui-ci, retomber à la charge de ses enfants ou ses créanciers la saisiront. Ce sera un désastre et une injustice. Ici encore, le caractère alimentaire certain devrait entraîner l'insaisissabilité et l'incessibilité. Il en sera de même, pour les raisons données plus haut, de la nue-propriété entre les mains des descendants. Cette nue-propriété sera même plus insaisissable puisqu'il n'y aura même pas exception de la créance alimentaire des parents.

Nous voilà amenés logiquement à conclure que la rente viagère, l'usufruit, la nue-propriété, nés d'une donation ou d'un legs, seront incessibles et insaisissables, sauf dans la mesure sus-indiquée, de quelque côté qu'ils se trouvent.

Mais à la donation et au legs il faut assimiler sous ce rapport la succession ab intestat. Quelquefois la loi constitue des droits héréditaires en usufruit, par exemple, au profit de l'époux survivant; il lui accorde aussi dans certains cas une rente viagère (loi du 9 mars 1891). C'est à titre alimentaire, et cet usufruit devra, ainsi que sa contre-partie, la nue-propriété, être incessible et insaisissable.

De ces deux valeurs alimentaires et fragiles, la rente viagère, l'usufruit, et la contre-partie non moins fragile de ce dernier, la nue-propriété, constitués à titre gratuit au profit d'un tiers dans la donation, le legs, ou la succession ab intestat, passons aux mêmes constitués à titre onéreux, dans une vente, par exemple.

Ce mode de constitution n'est pas rare. Une personne peu riche, et dont les revenus sont insuffisants pour vivre, vend ses biens en stipulant pour tout prix une rente viagère, ou il aliène la nue-propriété moyennant un prix qui sert à payer ses dettes, et conserve l'usufruit pour subsister; dans tous ces cas, la rente viagère, l'usufruit, ont un caractère alimentaire, et cependant la loi ne permet pas au vendeur de réaliser son but. Il voulait certainement se constituer une réserve personnelle, indisponible, se mettre à l'abri, dormir tranquille. Dans ce but, il a stipulé un gage ou une hypothèque, ou il s'est adressé à une compagnie d'assurances solvable. Mais il contracte ensuite des dettes, sa rente viagère va être saisie, vendue à vil prix, ou dans un moment de faiblesse, il l'aliène lui-même; le voilà sans ressource dans sa vieillesse. Ce résultat est injuste. Sans doute, il ne s'agit plus d'un bien mis par un tiers dans le patrimoine du débiteur avec cette condition, sous cette réserve, et c'est le débiteur qui se constitue lui-même un indisponible. Mais pourquoi ne le pourrait-il? Pourquoi faut-il absolument que cet indisponible soit constitué par un tiers?

L'objection qu'on fait est spécieuse. Elle ne porte pas. Ce ne sont point les créanciers postérieurs qui peuvent souffrir de cette fraude, car ils ne devaient pas compter sur une valeur sortie déjà du patrimoine disponible. D'ailleurs, ils seront avertis; la vente sous réserve d'usufruit ou à charge de rente viagère était soumise à la transcription. Quant aux créanciers antérieurs chirographaires, ils ont, contre la constitution d'indisponibilité qui pourrait leur préjudicier, la ressource de l'action paulienne. Nous reconnaissons que cela ne leur suffit pas; ils peuvent ignorer l'acte, la fraude est difficile à établir. Aussi exigerons-nous qu'on procède alors à leur égard à une véritable purge; la vente faite dans ces conditions sera publiée, elle sera notifiée aux créanciers connus, il leur sera laissé un certain temps pour produire leurs titres. Le plus souvent celui qui se crée ainsi une rente viagère n'a pas de créanciers; il fait simplement un acte de prévoyance; si, au contraire, il en a et cherche à les frauder, sa manœuvre sera déjouée.

Il est un autre cas très pratique qui donne naissance à la rente viagère, c'est celui de l'assurance; il est encore plus favorable, surtout quand celle-ci a été nourrie au moyen de primes annuelles. Nous reviendrons sur ce sujet en traitant de la réserve sur le patrimoine-travail, parce que l'assurance est presque toujours entretenue avec le produit du travail; mais elle peut l'être aussi avec les seuls revenus du capital au moyen de l'épargne. Je me constitue une retraite pour la vieillesse avec cette épargne qui me fournit les primes. Cette retraite sera-t-elle insaisissable et incessible ? Nullement. Devrait-elle l'être ? Oui, car elle est nettement alimentaire. Elle doit l'être, non seulement quand elle est stipulée au profit du contractant lui-même, mais aussi lorsqu'elle l'est au profit d'un tiers, par exemple, du conjoint ou des enfants, et même lorsqu'elle l'est simplement à celui des héritiers. Constituer une pension de retraite à l'époux survivant ou des ressources aux enfants mineurs est un acte louable qui doit être encouragé, c'est une libéralité, et à ce titre, cette assurance rentre dans ce que nous avons dit pour les donations ; enfin il s'agit d'une valeur essentiellement alimentaire. D'autre part, quand l'assurance a été nourrie au moyen de primes annuelles, aucune fraude à l'égard des créanciers n'est à craindre, si ces primes avec les autres dépenses ne dépassent pas le revenu ; le débiteur les eût dépensées, les créanciers ne les auraient pas touchées.

La difficulté est plus grande si l'assurance a été payée au moyen d'un capital une fois donné ; les créanciers peuvent avoir à se plaindre. Alors nous instituerions la purge à leur profit, comme nous l'avons fait plus haut.

Il reste le cas où l'assurance sur la vie aboutit non à la constitution d'une rente, mais au versement d'un capital, par exemple, au décès de l'assuré. Ce capital n'est pas nécessairement alimentaire, mais il ne s'agit pas de revenus, et c'est un peu plus loin que nous examinerons cette autre situation.

Nous pouvons conclure d'une manière générale sur ce point. Toute rente viagère, tout usufruit, constitué à quelque titre que ce soit, toute nue-propriété seront incessibles et insaisissables, sauf les quelques exceptions logiques que nous avons indiquées.

Le second cas naturel d'incessibilité et d'insaisissabilité ou de réserve personnelle garantie par ces deux moyens est ce qu'on a désigné sous le nom de bénéfice de compétence, et à un degré inférieur, sous ceux de l'insaisissable ou du prohibé. Nous le diviserons dans les branches suivantes : 1° minimum général de ressources en capital, 2° minimum en cas de donation, 3° minimum en cas de contrats aléatoires.

Est-il permis de saisir sur le débiteur les objets qui lui sont le plus indispensables, ses vêtements, ceux qu'il porte, par exemple ?

Toutes les législations ont répondu négativement, mais dans des mesures bien différentes. Le code de procédure civile français est très rigoureux; celui des législations des États-Unis très large; nous en avons rapporté les dispositions. Les vêtements autres que ceux dont le saisi est actuellement couvert peuvent être saisis, ainsi que l'armoire, les chaises, les ustensiles de ménage les plus indispensables, et cela sans profit pour les créanciers, car, si le débiteur ne possède pas autre chose, ces objets ne couvriront pas les frais de la vente. Ne devrait-on pas lui laisser au moins toute sa garde-robe, ainsi que celle de sa femme et des enfants, à l'exception des bijoux, autant de lits garnis qu'il y a de personnes, en spécifiant le maximum de ce qu'ils doivent contenir, les meubles jugés indispensables à toute personne, ainsi que les ustensiles de ménage; la loi les spécifierait, ce travail serait ici prématuré. En outre, sur le prix de vente du surplus on devrait allouer au débiteur une pension alimentaire pour un mois. Par contre, on pourrait dégager la saisie des formalités lentes et coûteuses qui l'entourent. Le créancier y gagnerait encore.

Ne faudrait-il pas aller plus loin, et sur l'ensemble du patrimoine laisser au débiteur malheureux et à sa famille une certaine quantité ou quotité *minima?* Lorsque ses ressources ne consistent qu'en un traitement, une rente viagère ou une retraite, on ne peut saisir qu'une partie; il en est de même quand il s'agit du salaire : pourquoi en serait-il autrement s'il s'agit du capital, et si on a saisi les dernières ressources, c'est-à-dire les meubles? La question est délicate, car le débiteur sera souvent de mauvaise foi. Il serait cependant juste de lui accorder sur le prix de vente de ses meubles une somme déterminée par la loi non en quantité, car elle doit varier suivant les positions, mais en quotité, toutefois avec un maximum en quantité.

Le donateur poursuivi par le donataire doit avoir une réserve personnelle plus large. Il devra d'abord lui être défendu de se dépouiller gratuitement de la totalité de son patrimoine. Il doit, au moins, se réserver la moitié des biens existants au moment de la donation, ce qui rendrait inutile la révocation pour cause de survenance d'enfants. Que si, cette réserve faite, il vient à dissiper la moitié retenue, il n'aura aucune action en restitution contre le donataire, car les valeurs ne peuvent rester ainsi dans l'instabilité. Mais ce bénéfice de compétence, reconnu par le droit romain, le nouveau code allemand et beaucoup de législations hispano-américaines est très juste; il résulte de la force des choses.

Il en est de même des contrats aléatoires, le jeu, le pari, etc. Ils sont reconnus par notre droit pour certains cas, et en outre, la répétition des sommes payées n'est pas admise. Elle devrait l'être toujours pour le jeu et le pari dépassant une certaine mesure dans le patrimoine. C'est ce que plusieurs codes hispano-américains ont institué avec beaucoup de sagesse.

L'indisponibilité, ou du moins l'insaisissabilité, se rattache encore à un autre ordre d'idées; c'est celui de l'épargne sur le revenu, laquelle a aussi un caractère alimentaire. Une personne, au lieu de dépenser les intérêts ou loyers qui lui sont versés, les place à la caisse d'épargne avec l'intention de les retirer seulement quand elle en aura un besoin urgent. Elle doit pouvoir en disposer librement sans que ses créanciers puissent les saisir. Pourtant les dépôts aux caisses d'épargne ne sont pas insaisissables d'après la loi française; ils devraient l'être à beaucoup plus juste titre que les rentes sur l'Etat.

Tels sont les cas où il y a convention tacite d'une part, nécessité logique et naturelle d'autre part, d'insaisissabilité et d'incessibilité.

Nous allons rechercher maintenant dans quels cas elles peuvent être expressément et valablement stipulées.

b) — *Indisponibilité expresse.* — Il s'agit toujours de celle établie au profit du disposant lui-même, ou de toutes autres personnes, abstraction faite de leur qualité de membres de la famille. Examinons d'abord l'indisponibilité résultant de la volonté d'un tiers.

Le donateur, le testateur, le « de cujus » dans une succession ab intestat, ou ce qui revient au même, en grevant de cette modalité la réserve, pourront-ils stipuler l'indisponibilité? Nous renvoyons, en ce qui concerne la réserve, à la rubrique suivante, ne retenant que la donation et le legs. Pourra-t-on convenir que l'objet donné en capital ne pourra être saisi ni cédé? Actuellement cela est impossible. On ne peut stipuler l'incessibilité. Quant à l'insaisissabilité, malgré les termes analogues de l'article 581 du code de procédure civile, on ne le peut pas davantage. Cependant il est très juste que le donateur ou le testateur, en mettant un objet dans le patrimoine d'une personne, y appose toutes les conditions qui n'ont rien d'immoral. Il peut craindre que les créanciers du légataire ne saisissent le bien ; son intention n'est évidemment pas de donner au créancier, d'ailleurs il l'exprime. Pourquoi ne le pourrait-il pas ? Parce que, dit-on, il n'est pas bon que les biens restent hors de commerce ; parce que d'autre part la fraude aux droits des créanciers serait facile. C'est un préjugé actuel que les immeubles doivent se trouver dans un état de circulation incessante. Rien cependant n'est moins utile que ce mouvement. Sans doute, ils ne doivent pas rester à perpétuité immobiles, mais temporairement cela est souvent utile. D'ailleurs, le disposant pourrait autoriser l'aliénation à charge de remploi, mais la saisie resterait écartée. Quant au préjudice des créanciers, il est nul ; ceux antérieurs n'ont pas dû compter sur ce gage ; ceux postérieurs seront avertis par la publicité donnée au testament ou au legs.

Nous admettrons donc le donateur ou le testateur à stipuler l'incessibilité de l'objet donné, et aussi son insaisissabilité. Mais on pourra vendre moyennant échange ou remploi approuvés par justice. La saisie ne pourra être faite par aucun créancier, soit antérieur, soit postérieur, ni même par le fournisseur d'aliments, mais seulement sur les revenus, par les parents ou alliés, créanciers alimentaires, ainsi que nous l'avons déjà institué.

Cette indisponibilité pourra-t-elle être stipulée entre les mains du donateur ou du légataire seulement ou aussi entre celles de leurs héritiers à l'infini ? Si on l'admet, c'est le rétablissement des substitutions, avec cette seule différence que les appelés ne sont pas désignés et qu'aucun droit d'aînesse ou de masculinité ne peut en dériver. On pourrait donc l'avoir permis, sans rétablir les substitutions. Mais nous n'irions pas jusque-là. Nous voudrions cependant que l'immeuble fût stipulé indisponible non seulement entre les mains du donataire ou du légataire, mais aussi entre celles de ses héritiers immédiats.

Nous admettrions aussi la substitution au profit des enfants et des descendants du grevé, mais une seule fois, et toujours avec la permission de vendre à charge d'emploi surveillé.

L'indisponibilité résultant de la volonté du bénéficiaire lui-même est plus nouvelle. Nous en avons étudié un exemplaire important dans le « homestead ». On en trouve un autre, en droit français, dans le choix fait comme placement des rentes sur l'Etat, lesquelles sont insaisissables. Dans les deux cas, l'incessibilité n'existe pas, ou elle est beaucoup moins absolue.

Nous avons fait ressortir l'injustice de l'insaisissabilité des rentes sur l'État. Aujourd'hui une personne qui a de nombreuses dettes absorbant sa fortune peut convertir cette fortune en rentes sur l'État et frustrer ainsi tous ses créanciers, tout en conservant la faculté de vendre ces rentes, quand elle aura besoin de fonds disponibles. Lors de ce placement, elle ne sera tenue à aucune purge vis-à-vis des créanciers antérieurs. Ni les fournisseurs d'aliments, ni les parents ou alliés qui sont créanciers alimentaires ne pourront saisir les rentes pour la moindre quotité. De sorte qu'à ce point de vue, on peut distinguer deux fortunes différentes, celle composée des rentes sur l'État, celle composée d'autres valeurs ; la première l'emporte sur la seconde d'un privilège exorbitant. La fraude est largement organisée, devient légale et sans limites.

Y a-t-il au moins un motif intrinsèque d'une pareille faveur ? Aucun. Dans le patrimoine du débiteur, les rentes sur l'État nominatives n'ont rien qui puisse les faire mettre à part ; ce sont des créances comme les autres, négociables à la Bourse, il est vrai, mais comme une foule d'autres valeurs. Mais on les rend insaisissables, on les exempte de l'impôt. Pourquoi ?

Pour un motif extrinsèque, celui d'augmenter le crédit de l'État. La possibilité de frauder impunément ses créanciers et l'exemption d'impôts sont deux attraits qui poussent vers ce genre de placement ; un vice et une injustice deviennent deux appâts souverains ; le législateur n'a pas craint de les employer, montrant ainsi l'exemple de l'immoralité financière. Le motif extrinsèque n'est donc pas valable et il n'y a pas de motif intrinsèque. Il faut rejeter ce principe de l'insaisissabilité des rentes sur l'État.

Si cette insaisissabilité cependant était précédée de l'accomplissement d'une purge vis-à-vis des créanciers antérieurs, la fraude deviendrait impossible, et l'avantage de posséder des rentes sur l'État, en ce qu'il a de légitime, serait conservé ; on serait garanti contre l'action des créanciers postérieurs, suffisamment avertis d'ailleurs par la nature du placement. Mais on se demanderait encore pourquoi la possession de rentes sur l'État peut conduire à ce dernier résultat, plutôt que celle d'autres valeurs. C'est pour des raisons intrinsèques, non pour d'autres, que les avantages juridiques doivent être accordés.

Au contraire, l'institution de l'*homestead*, institution donnant le même résultat, en ce sens qu'il s'agit d'insaisissabilité seulement et non d'inaliénabilité, si ce n'est dans une mesure restreinte, se justifie pleinement par son but, qui est celui de protéger une fortune naissante, et en même temps d'assurer un minimum de fortune auquel les créanciers ne pourront toucher. Du reste, il ne s'agit plus d'une seule nature de valeurs, puisque l'*homestead* peut s'appliquer aux maisons aussi bien qu'aux fonds ruraux et même aux exploitations industrielles. Il n'est point opposable aux créanciers antérieurs, si ce n'est avec certaines précautions. Il ne pousse point à la spéculation, ni au placement inerte, mais à l'agriculture. Enfin il protège surtout la famille. Ce n'est pas tout ; tandis que le privilège des rentes sur l'État est indéfini dans son étendue, puisqu'on peut avoir placées de cette nature les fortunes les plus opulentes, l'*homestead* se réduit au nécessaire. A ces divers points de vue, il est aussi justifié que le privilège des rentes de l'État l'est peu.

Il y aurait donc lieu d'établir l'*homestead* en France, mais alors surgit de suite cette idée : pourquoi ce privilège au profit de celui qui a une exploitation entre les mains, tandis que celui qui ne possède que des valeurs placées ne pourra s'assurer un minimum de fortune. Il est vrai que l'*homestead* ne vise pas seulement ce but, mais aussi celui de protéger le patrimoine naissant. Mais le premier ne doit-il pas se réaliser pour toute valeur ? Est-ce que l'exploitation commerciale n'est pas aussi une fortune naissante ? Est-ce qu'il n'en est pas ainsi des premières épargnes, de celles, par exemple, déposées à la Caisse d'épargne, lesquelles sont pourtant saisissables ? Il faudrait que, partant du principe de l'*homestead*, mais l'élargissant, on permît à tout citoyen de se constituer insaisissable un certain minimum, au-dessous duquel il ne pourrait ainsi descendre ; et pour le protéger contre lui-même, il faudrait que le consentement de sa famille, celui, au moins, de sa femme, s'il est marié, devînt nécessaire pour l'aliénation ; il faudrait peut-être même créer une inaliénabilité temporaire.

Cette extension nous semble très juste. Sans doute, l'agriculture doit être favorisée, mais l'industrie aussi, le commerce de même, et la simple épargne encore. De plus, chacun, aussi bien qu'il peut garantir l'avenir par des assurances, doit pouvoir le faire par l'incessibilité, par l'inaliénabilité, jusqu'à un certain minimum de bien-être. Voilà le privilège successivement étendu, puis accordé à tout le monde ; dès lors ce n'est plus un privilège, mais un nouveau droit commun plus juste que l'ancien.

Ne faut-il pas aller plus loin de deux manières. D'abord cette insaisissabilité, cette inaliénabilité jusqu'à un certain minimum, au lieu d'être purement volontaires, ne doivent-elles pas être forcées et légales ? C'est un point que nous examinerons un peu plus loin sous la rubrique de la réserve forcée. Puis, ces avantages doivent-ils être restreints à un minimum de fortune, ou chacun ne doit-il pas pouvoir librement rendre indisponible tel ou tel bien pendant un temps préfix ou pendant sa vie, empêcher qu'on le saisisse, ou s'interdire même de l'aliéner, en réservant, bien entendu, les droits des créanciers antérieurs ?

Cette mesure peut être utile ; aussi, si nous blâmons les avantages sous ce rapport des rentes sur l'État, c'est en ce sens qu'ils ne devraient pas n'appartenir qu'à elles, et aussi en celui qu'il fallait protéger les créanciers antérieurs ; mais il y aurait intérêt à pouvoir mettre en réserve tel ou tel bien de manière à être sûr de sa conservation juridique. Protégé de ce côté, on pourrait se livrer en sécurité à des opérations commerciales ou industrielles dont le résultat, s'il était malheureux, ne pourrait entamer le fonds de réserve. On mettrait aussi de côté par là même des ressources pour le temps de la vieillesse ou de l'invalidité. On serait libre de choisir les valeurs qui se prêtent le mieux à ce genre de conservation. Chaque personne peut vendre ses biens, les donner même. Pourquoi ne pourrait-elle pas les frapper d'indisponibilité, même au delà d'un certain minimum ? Pourquoi n'affecterait-elle pas aussi toute sa fortune, si cela lui plaît ? La purge serait édictée vis-à-vis des créanciers antérieurs, et ainsi toute possibilité de fraude écartée. Dans notre droit actuel, d'ailleurs, la dot n'est-elle pas stipulée indisponible ?

L'indisponibilité dans ce cas devra-t-elle être complète et comprendre ses trois éléments : insaisissabilité, incessibilité, imprescriptibilité ? Nous pensons qu'on devra pouvoir les démembrer. Quelquefois on n'a intérêt qu'à l'insaisissabilité. Les exemples actuels des rentes sur l'État et de l'*homestead* sont dans ce sens. On peut travailler à couvert tant que les créanciers ne pourront saisir. D'autres fois, l'individu a besoin de se garantir contre lui-même ; il se sent prodigue ou adonné à des vices coûteux, ou d'esprit faible, ou joueur, ou peu chanceux ; il craint de vendre successivement les diverses pièces de son patrimoine et de se ruiner insensiblement, il aura intérêt à stipuler l'inaliénabilité ; ou il est marié, et c'est l'intérêt de sa femme que ce patrimoine ne puisse disparaître, alors l'inaliénabilité sera encore nécessaire.

L'indisponibilité sera-t-elle viagère ou à temps, et celui qui l'a constituée pourra-t-il la lever plus tard ? Oui, car autrement il se serait lié lui-même d'une manière dont il pourrait se repentir. Mais certains tiers sont intéressés à ce que l'indisponibilité persiste ; ce sont sa femme, ses enfants vivants et exploitants avec lui ; il faudra leur consentement pour la mainlevée. En outre, celui qui avait rendu ses biens indisponibles est souvent prodigue ou faible d'esprit, et c'est peut-être dans un moment de faiblesse qu'il consentirait à cette mainlevée ; il faudra que celle-ci soit homologuée par justice.

En résumé, chacun serait libre de rendre soit simplement insaisissables, soit à la fois insaisissables et incessibles, les biens de son patrimoine, après une purge envers les créanciers antérieurs. Jusqu'à mainlevée de cette indisponibilité qui devrait être inscrite sur le registre des hypothèques pour être opposable aux tiers, toutes les hypothèques, toutes les aliénations, toutes les saisies seraient nulles ; même après, on ne pourrait saisir pour dettes antérieures à cette mainlevée.

L'insaisissabilité serait-elle absolue ? Oui, et tous les créanciers devraient s'y soumettre, à l'exception de ceux alimentaires qui ne pourraient d'ailleurs saisir que les revenus au fur et à mesure de leur échéance dans une proportion judiciairement déterminée. Il en serait de même de l'incessibilité, car autrement le but serait manqué. Mais on pourrait toujours aliéner en échange ou à charge d'emploi surveillé, de manière à ne pas être contraint à rester sur une valeur dangereuse.

L'indisponibilité pourrait-elle s'étendre à la totalité du patrimoine ? Non, car il faut laisser à l'individu une certaine marge pour se mouvoir, et d'ailleurs celui d'hier ne peut commander absolument à celui de demain. Un quart du patrimoine devrait toujours rester disponible, et la totalité ne pourrait devenir indisponible que par la volonté du père de famille quant aux biens qu'il transmet ou, par décision judiciaire que l'intéressé pourrait d'ailleurs lui-même provoquer, ce serait alors le cas de l'indisponibilité subjective que nous avons déjà décrite.

Devant cette indisponibilité s'étendant à la plus grande partie du patrimoine, si elle est stipulée volontairement, il semble qu'il soit inutile de s'occuper de l'institution de l'*homestead* qui est beaucoup plus restreinte. Cependant ceux qui n'admettraient pas l'indisponibilité étendue que nous venons de permettre de stipuler, devraient admettre au moins quelque institution analogue à l'*homestead*; mais comme ce dernier concerne la famille plutôt que l'individu seul, nous en traiterons à propos de la réserve familiale.

c) — *Indisponibilité forcée.* — C'est toujours une question grave de savoir si une institution, même la plus utile, doit être imposée et si la volonté de l'individu doit être contrainte par la société. Il existe sur ce point les théories contraires les plus extrêmes. En pratique, cela doit être suivant nous une question de mesure; lorsqu'une amélioration est très importante et urgente, si la société y est vivement intéressée, elle doit être rendue obligatoire. La liberté n'est pas un droit absolu.

Or les avantages qu'il y a à ne pas permettre le déclassement brusque des citoyens et avec eux de toute leur famille sont immenses, nous les avons fait ressortir. Ce n'est pas la Société seule qui est intéressée, mais ses citoyens, mais leurs familles. Édicter l'indisponibilité forcée au-dessous d'un certain minimum, c'est leur conserver malgré eux un résidu de fortune, le pain quotidien, et, le désastre survenu, ils en seront reconnaissants à la loi. D'autre part, la société se protège ainsi elle-même, car le déclassement perpétuel, l'instabilité absolue des fortunes sont des éléments dissolvants pour elle.

Cependant nous sentons que beaucoup de lecteurs refuseront de nous suivre jusque-là, que la contrainte que nous proposerions leur répugnerait, et qu'ils seront arrêtés par de fausses idées de liberté individuelle intégrale, de libre circulation des biens, axiomes admis sans discussion par une routine nouvelle, car la routine, la pire ennemie de la raison, n'accompagne pas seulement certaines idées anciennes, mais aussi bien certaines idées actuelles qu'on n'a jamais scrutées à fond et dont l'inanité est cachée. Au nombre de ces idées est celle que toutes les actions doivent être libres, sauf à en répondre civilement ou pénalement, qu'on ne doit pas les empêcher préventivement, qu'il faut laisser

s'accomplir le mal, sauf à le réparer ensuite quand cette répa-
ration est possible ; rien de plus absurde suivant nous. Mieux vaut
prévenir que punir ; mieux vaut économiquement 'empêcher la
ruine que de secourir ceux qu'on a laissés entièrement libres de se
ruiner. Voilà la vérité pratique.

Nous ne nous occupons en ce moment que de l'individu, abstraction faite de toute famille. Quelle est la fraction de sa fortune qui
devra être indisponible, c'est-à-dire insaisissable et incessible?
Quels sont les moyens à employer pour y parvenir ?

Nous pensons que l'individu isolé doit rester maître absolu de
la plus grande partie de son patrimoine, autrement toute initiative
serait étouffée, l'industrie, le commerce, l'agriculture seraient arrêtés, plus de grandes entreprises possibles, plus d'activité même, ce
serait un état désastreux. Mais il doit se conserver obligatoirement
une fraction de ce qu'il possède, de manière à ne jamais tomber
dans la misère, lorsqu'il a pu une fois y échapper. C'est le rocher
sur lequel on pourra se réfugier en cas de naufrage. Nous estimons
que cette quotité doit être du quart, elle peut d'ailleurs être discu-
tée, sans modifier le principe; mais il importe qu'elle soit sérieuse.
Ceux qui possèdent 100,000 francs de revenus (et c'est le petit
nombre) se sentiront déjà bien ruinés s'ils n'en ont plus que 25,000.
Il leur faudra changer entièrement leur genre de vie, presque leur
milieu. Pour eux, 10,000 francs équivaudraient à la misère, car tout
est relatif, en matière de fortune surtout. Celui qui possède un
revenu de 10,000 francs deviendra tout à fait pauvre, s'il est réduit
à 2,500. Il faudrait théoriquement établir une fraction progressive
en sens inverse comme indisponible. La quotité deviendrait
plus forte à mesure qu'il s'agirait d'un patrimoine moindre, mais
en pratique cela serait très compliqué. Il faudrait, au moins, que
le patrimoine ne descendît jamais au-dessous du quart. Que si ce
patrimoine était déjà très faible, la conservation du quart ne
pourrait laisser des ressources suffisantes, mais seulement une
certaine épargne, dont les revenus empêcheraient de tomber dans
la misère absolue et permettraient de traverser le chômage de
travail.

Par quels moyens parviendrait-on à cette réserve du quart ? Le
patrimoine est variable; à chaque instant il s'augmente. Obligera-t-on
chacun à déclarer périodiquement la consistance de ce patrimoine
et à modifier les biens frappés d'indisponibilité? Ce serait vexa-

toire, et la fraude serait facile, car chacun voudra se réserver le plus de liberté possible. Le plus sûr est d'agir d'office et partiellement au fur et à mesure qu'une valeur entrera dans le patrimoine. La procédure d'office, quoique peu usitée encore en France, est la plus efficace de toutes. Pourquoi exiger des déclarations qu'il faut ensuite toujours discuter et ne pas frapper automatiquement d'une indivisibilité partielle chacune des valeurs à mesure qu'elles apparaissent ?

Le patrimoine ne se constitue en pratique que par le mariage accompagné des donations par les ascendants et des dots que son contrat renferme ; il se continue par les successions recueillies d'abord et surtout celles des père et mère ; les acquêts viennent ensuite ; souvent ces valeurs sont représentées par d'autres acquises en échange ou en remploi. L'entrée est constatée par des actes, presque toujours notariés. Eh bien ! lors du contrat de mariage, les dots et apports devront, s'ils consistent en argent comptant, être employés en titres nominatifs jusqu'à concurrence du quart ; ces titres, les immeubles, les créances devront jusqu'à la même concurrence être inscrits au registre hypothécaire avec mention d'incessibilité et d'insaisissabilité. Il en sera de même pour les successions qui viendront à échoir. Lors du partage, le lot qui sera attribué à l'héritier devra être converti en valeurs nominatives et certaines jusqu'à concurrence du quart, lequel sera frappé d'indisponibilité par une inscription au bureau des hypothèques et une mention sur les titres. On distinguera même avec soin dans chaque lot le quart indisponible du reste. Le même procédé sera suivi en cas d'échange ou de remploi du prix d'une valeur indisponible déjà. Dans les contrats d'acquisition, en ce qui concerne les acquêts, l'indisponibilité du quart sera aussi indiquée et inscrite. Sur chaque valeur entrant dans le patrimoine on prélèvera ainsi le quart pour constituer un fonds de réserve mis à part.

Ce ne seront pas les parties qui seront chargées de remplir les formalités nécessaires, mais le notaire qui aura instrumenté. Il y sera contraint par une amende d'une suffisante importance dont il sera interdit de lui faire remise. C'est lui qui devra mettre à part la portion indisponible de la valeur échue, en faire emploi conformément à la loi et mentionner l'indisponibilité au bureau des hypothèques et sur le titre de la somme employée ou remployée.

L'opération se fera de cette sorte presque automatiquement, sans qu'on ait à craindre le mauvais vouloir ou la négligence des parties.

Une seule objection pratique peut être faite. Les patrimoines se composent en partie de valeurs de bourse, actions ou obligations au porteur. Or ces valeurs peuvent être dissimulées par les personnes qui désirent conserver la disponibilité entière de leur patrimoine, et celles-ci seront sans doute nombreuses, car on sacrifie généralement l'avenir au présent. Voilà par cette seule circonstance toute l'économie de l'institution détruite.

Cela serait exact s'il s'agissait de calculer le patrimoine en bloc pour rendre le quart indisponible, mais il n'en est pas ainsi, il s'agit seulement de saisir chaque valeur à son entrée. Or, supposons que dans le contrat de mariage le père ou la mère constitue en dot soit une somme d'argent, soit des titres au porteur. Le notaire exigera qu'il en soit fait emploi immédiat en titres nominatifs pour le quart, faute de quoi il refusera de les mentionner au contrat. S'agit-il d'une succession échue, sans doute des valeurs au porteur peuvent en dépendre et composer toute la fortune de tel époux, alors le notaire en opérera, jusqu'à concurrence du quart, la conversion en titres nominatifs avec mention d'indisponibilité, ou il refusera de clore l'acte. Aucune valeur ne pourrait donc échapper au calcul et à la retenue, si ce n'est les gains et économies, mais alors il ne s'agit plus du patrimoine véritable.

Il reste les valeurs constatées par actes sous seings privés. Tant que ces actes restent aux mains des parties, aucun prélèvement n'est possible, mais ils sont assez rares. D'ailleurs, la plupart, ceux d'acquisitions notamment, doivent être présentés à l'enregistrement dans un délai préfix ; le receveur exigera ce qu'eût demandé le notaire, la mise en réserve indisponible du quart de la valeur. L'autre source plus fréquente de valeurs du patrimoine est le partage ; le législateur peut exiger qu'ils soient notariés, ou au moins qu'ils soient soumis à l'enregistrement dans un certain délai. On pourrait arriver ainsi à l'exécution presque assurée de la loi nouvelle.

Le quart réservé serait absolument insaisissable, même quand tout le reste du patrimoine viendrait à être perdu, car autrement on pourrait arriver à un résultat nul. Cependant la saisie pourrait avoir lieu, sur les revenus seulement, au profit des parents ou alliés, créanciers alimentaires, et en outre, le titulaire aurait la faculté de céder les revenus en cours de l'indisponible jusqu'à concurrence du cinquième.

Telle serait la réserve personnelle garantie par l'indisponibilité au profit de l'individu ; elle serait, suivant les cas et dans des mesures différentes, volontaire ou forcée.

B. — *Indisponibilité au profit de la femme mariée.* — La femme mariée est exposée à un double danger : comme femme, elle est moins instruite, moins énergique qu'un homme, et ignore les affaires ; en tant que mariée, elle est sous la dépendance de son mari et subit son influence, même sa volonté. Aussi toutes les législations sont venues à son aide, mais assez maladroitement. Elles lui accordent une foule de garanties, et lui permettent d'en stipuler d'autres ; même quelquefois ces garanties sont très préjudiciables aux tiers ; cependant elle lui donne le droit de les détruire comme si sa volonté avait été libre. C'est ainsi que, sous le régime de la communauté, on lui confère une hypothèque légale, mais elle peut y renoncer au profit de son mari, ce qu'elle fait toujours dès que le ménage a besoin d'emprunter ou de vendre.

Sous le régime dotal seul, mais il faut qu'il soit stipulé, la garantie est plus complète. Cependant l'inaliénabilité subit des restrictions dangereuses. Non seulement, comme nous l'avons observé, on peut purger contre la femme dotale, et alors elle a la faculté de renoncer indirectement à son hypothèque légale sur les immeubles de son mari, mais elle peut donner ses biens dotaux pour l'établissement des enfants issus d'un premier mariage ou même des enfants communs, pour tirer de prison elle ou son mari, pour fournir des aliments à la famille, pour échanger l'immeuble contre un nouveau ayant les quatre cinquièmes de la valeur de l'ancien, ou pour faire de grosses réparations à cet immeuble, pour payer les dettes ayant date certaine antérieure au mariage. Quelques-unes de ces exceptions sont justifiées : par exemple, la dernière constitue une sorte de purge tacite vis-à-vis des créanciers, qui est juste et utile, mais les autres ne le sont pas. La faculté de vendre pour constituer une dot aux enfants peut absorber une grande partie du patrimoine dotal ; il est vrai qu'on doit laisser à la femme le moyen de remplir ce devoir moral. Cette situation est difficile, en ce que l'indisponibilité totale peut se trouver exigée par le régime dotal, tel que la loi le permet ; or, si tout le patrimoine de la femme est dotal, il n'existe plus dans ses biens aucune élasticité, ses mains sont liées au point de ne pouvoir remplir un devoir de conscience ; pour n'être plus prisonnière de son mari, la femme s'est rendue prisonnière d'elle-même. Il ne faut pas que le régime dotal embrasse tout le patrimoine ; il doit en rester une part disponible permettant de le faire jouer librement, sans qu'il soit besoin de l'absorber. Mais une autre exception détruit le régime lui-même ; la vente peut être autorisée pour fournir des aliments à la famille ; dès lors il est loisible au mari de se ruiner complètement ; il rendra ainsi très facilement la dot aliénable ; pourtant c'est précisément pour la situation d'insolvabilité que la dotalité était utile.

Dans tous les cas, le système légal actuel ne protège la femme mariée que si elle possède des biens. Dans l'hypothèse contraire, son mari, qui a une certaine fortune, est libre de la dissiper, de la donner, de dépenser même les valeurs de la communauté ; il n'en doit compte à personne, à sa femme moins qu'à toute autre, et celle-ci et ses enfants qui ont acquis une position, qui vivent dans un certain milieu, vont tout à coup se trouver déclassés, sans ressources. Le mari décédé, sa femme tombe dans la pauvreté, les enfants aussi. Ils ont bien une réserve contre les dispositions à titre gratuit, mais non contre les autres. L'ancien droit y avait pourvu dans une certaine mesure par l'établissement du douaire ; le mari le constituait à sa femme lors du mariage, et ce domaine insaisissable ne pouvait être aliéné qu'avec son consentement et celui des enfants ; on avait compris que l'homme qui se marie ne devait plus être libre d'aliéner tout son patrimoine, comme le célibataire, et que la dette alimentaire qu'il contractait devait être garantie.

Dans le droit futur, il s'agit de créer à la femme mariée une réserve indisponible de deux manières : 1° sur ses propres biens ; 2° sur ceux de son mari et de la communauté.

a) Indisponible de la femme sur son propre bien. — Cette indisponibilité peut être volontaire ; c'est le résultat du régime dotal plus ou moins rectifié ; elle peut être forcée et exigée par la loi, c'est le transport d'un régime dotal partiel au milieu du régime de la communauté ou de celui de la séparation de biens. Celle qui sera le plus aisément ordonnée, c'est l'indisponibilité volontaire ; nous commencerons par elle.

1° *Indisponibilité volontaire.* — Elle résulte du contrat de mariage et se réalise actuellement par la stipulation du régime dotal, soit pur, soit mêlé à d'autre régimes.

Il s'agit donc de la conserver en lui faisant subir des améliorations. Voici celles que nous proposons :

Le régime dotal doit être limité ; il ne devra plus comprendre l'universalité du patrimoine de la femme. C'est par ce vice qu'il dépérit actuellement. Il est ainsi très gênant, on cherche par tous moyens à le tourner, et on y arrive facilement : les tribunaux s'y prêtent, frappés par ses inconvénients réels. Il devra rester aux époux un quart disponible sur les biens de la femme ; celle-ci en aura la libre disposition, sauf l'usufruit du mari suivant les conventions faites. Ce quart disponible lui servira à faire les grosses réparations, à doter les enfants, à venir en aide à la famille dans le besoin. Les époux pourront d'ailleurs stipuler l'aliénabilité d'une fraction plus grande de la dot.

Moyennant cette déduction d'une part disponible, le surplus de la dot sera indisponible d'une manière absolue ; aucune des exceptions que nous avons citées ne sera plus admise ; la femme pourra cependant céder le cinquième du revenu en cours, et ses parents ou alliés, ses enfants, son mari, créanciers alimentaires, pourront saisir ses revenus en cours au fur et à mesure jusqu'à concurrence de la même quotité pour la créance alimentaire fixée par le juge. Ce sera tout.

La dot pourra toujours être échangée ou aliénée à condition de remploi surveillé, après autorisation de justice, et pourvu que l'emploi soit au moins d'une valeur égale. La condition d'inaliénabilité sera reportée.

La femme ne pourra renoncer à l'hypothèque légale garantissant sa dot mobilière, même indirectement au moyen d'une purge. Cette purge ne vaudra que contre les hypothèques légales inconnues.

L'emploi ou le remploi devront être faits en valeurs désignées par la loi par les soins du notaire qui aura passé les actes d'aliénation.

2° *Indisponibilité forcée.* — Mais la femme mariée sous un régime autre que le régime dotal est tout à fait sans garantie ; sous celui de la communauté, le mari dispose librement des biens communs, et quant aux propres, il obtient facilement de sa femme l'autorisation de les vendre; celle-ci peut même renoncer à son hypothèque légale. Le régime de la séparation de biens très préconisé aujourd'hui par les réformateurs, parce qu'il met la femme sur un pied d'égalité avec le mari, ne lui est pas en réalité plus favorable, car, sollicitée par lui, elle ne pourra guère se refuser aux aliénations et aux emprunts.

Le remède véritable consistera à imposer l'inaliénabilité et l'insaisissabilité dans une certaine mesure, moins considérable que pour ceux qui ont stipulé volontairement le régime dotal. Il importe que la femme ne puisse aliéner une certaine quotité de ses propres ni engager sur eux. Seulement ainsi, elle se mettra à l'abri de la misère, elle-même et indirectement ses enfants.

Quelle sera cette quotité?

L'individu, c'est-à-dire l'homme et la femme célibataires, auront le quart de leurs biens indisponible; en se mariant, ils s'engagent vis-à-vis l'un de l'autre et de leurs enfants futurs à réserver davantage de leur patrimoine. Cependant ils ne renoncent pas par là, dans la lutte pour la vie, à conserver des ressources disponibles et à les exposer dans une mesure raisonnable aux risques des entreprises. C'est dire que la portion indisponible des biens de la femme mariée ne doit pas être totale, mais seulement plus forte que celle de la femme célibataire : il y aurait lieu, suivant nous, de la fixer à moitié. Sous le régime de la communauté, la moitié de celle-ci appartient à la femme ; le quart en serait donc indisponible ainsi. Que si les époux voulaient augmenter cette indisponibilité, ils le pourraient, comme nous venons de le voir, en la portant aux trois quarts.

Quelques personnes trouveront cette indisponibilité faible ; la femme mariée, si elle n'a pas stipulé le régime dotal, se trouve exposée à perdre la moitié de sa fortune. N'est-ce pas encore trop ? Sans doute ; mais, s'il en est autrement, les époux pourront difficilement entreprendre un commerce, une industrie, ils solliciteront sans cesse de justice l'autorisation d'aliéner, ils regretteront la liberté perdue, et l'on accusera le législateur de vouloir immobiliser les biens. D'ailleurs, la femme conserve son action en reprise, son hypothèque. Enfin nous allons voir que les biens du mari vont être, à leur tour, frappés d'immobilisation pour moitié.

D'autre côté, la femme, surtout dans la situation sociale actuelle, est souvent l'auteur réel des dépenses qui ont mené à la ruine. Est-il juste de l'en déclarer complètement indemne et d'en faire porter tout le poids au mari ?

b) Indisponible au profit de la femme et des enfants sur les biens du mari. — Le mari, à son tour, doit voir frapper son patrimoine d'une indisponibilité plus étendue que s'il était resté célibataire. Il s'est lié envers sa femme et ses enfants. Du quart l'indisponible s'élèvera alors à moitié, de telle sorte que la moitié des propres du mari, la moitié de ceux de la femme et la moitié de ceux de communauté deviendront indisponibles. Ce sera suffisant pour les garantir, ainsi que les enfants, contre la ruine; ce ne sera pas excessif, de manière à les empêcher de faire fructifier leurs biens dans l'industrie ou le commerce ou de doter leurs enfants. On ne verra plus de déchéance de la femme d'une situation sur laquelle elle devait compter.

L'intérêt de cette réserve de moitié sur les biens du mari naît surtout lorsque la femme n'a pas de fortune; dans ce cas, aucune dotalité ne peut la garantir du déclassement; ses enfants subissent le même danger. La réserve ordinaire du quart obligatoire pour l'individu ne saurait lui suffire; celle de moitié semble tout à fait convenable. Elle jouera le rôle bienfaisant que jouait le douaire dans l'ancien droit.

*
* *

C. — *Indisponibilité au profit des enfants.* — Il faut distinguer celle au profit de l'enfant commun et celle au profit de celui d'un premier lit. Il n'y a pas ici d'indisponibilité volontaire, mais seulement une indivisibilité forcée.

a) Indisponibilité au profit des enfants communs. — Cette indisponibilité, tant que dure le mariage, résulte implicitement de l'indisponibilité de moitié du patrimoine du mari, de celui de la femme, et des biens de communauté. C'est même autant au profit des enfants qu'à celui de la femme qu'elle sera édictée; la quotité, du reste, ne peut en être dépassée.

Mais l'un des époux vient à mourir; le survivant, n'étant plus marié, ne devrait avoir ses biens indisponibles, comme le célibataire, que jusqu'à concurrence du quart après avoir payé à la succession du prédécédé ce qui lui revient. C'est alors que naît la réserve au profit des enfants. Il ne s'agit point de celle ordinaire, celle contre les actes à titre gratuit, mais de celle contre tous actes irrévocables entre vifs, même à titre onéreux. L'indisponibilité des biens de l'époux survivant sera maintenue à la moitié tant qu'il existera des enfants.

D'ailleurs, cette réserve n'empêchera pas la liberté testamentaire du père ou de la mère de famille, plus ou moins complète suivant les législations.

Autrefois pendant une certaine période le douaire accorda à l'enfant un avantage analogue.

b) *Indisponibilité au profit des enfants d'un premier lit.* — On sait les dangers que courent ces enfants dans le nouveau mariage : désaffection, et souvent, au point de vue économique, spoliation. Les législations se sont efforcées de les protéger, surtout contre le nouveau conjoint, mais seulement en ce qui concerne les actes gratuits, ouverts ou déguisés. Aucune ne les garantit contre la dissipation des biens du conjoint remarié.

Nous leur offrons une garantie, comme aux enfants communs, en créant sur les biens de l'époux survivant une indisponibilité de moitié.

Mais nous pensons qu'une garantie spéciale doit leur être donnée quant aux valeurs qui ont été acquises en commun par leur père et mère et le conjoint survivant. La part qui revient à celui-ci soit dans la première communauté, soit dans la succession de l'époux prédécédé, devra à la mort du survivant revenir aux enfants du premier lit, à l'exclusion du nouveau conjoint et des enfants du second lit, et, en outre, être frappée d'une indisponibilité absolue. Le survivant conservera seulement dans la mesure ordinaire la disposition de ses propres.

En maintenant les garanties accordées actuellement par la loi aux enfants du premier lit contre les avantages gratuits concédés au nouveau conjoint, on obtiendra en leur faveur une protection énergique et effective.

⁂

D. — *Indisponibilité au profit de l'ensemble de la famille.* — Nous avons fait ressortir comment la famille a une existence réelle, indépendante de celle des membres qui la composent, et constitue une véritable entité, de même que la société plus ample. Mais elle peut être envisagée à deux points de vue différents.

Tantôt il s'agit de la famille unie non seulement par le lien du sang, mais par la cohabitation, par le travail en commun, par une hiérarchie, de la famille proche se trouvant sous le même toit ; tantôt il s'agit de la race abstraite, indépendamment de ces liens d'affection et d'habitude qui doublent les autres, de la race généalogique, anthropologique.

Les moyens de protection en ce qui concerne chacune d'elles ne sont pas identiques, de même que les points de départ et les buts sont différents. Dans le premier cas, il s'agit d'assurer un minimum d'existence ou un bien particulier à ceux parmi lesquels on a vécu, et tant qu'on vit avec eux, de ne pas les ruiner avec soi ; dans le second, il s'agit de conserver pendant une longue durée sa fortune ou une fraction de cette fortune à tous les descendants, même à ceux qu'on n'aura pas connus, parce qu'ils sont du même sang et de la même chair que nous, et qu'ils nous font nous survivre à nous-même.

a) *De la famille vivant sous le même toit.* — Nous avons établi plus haut, au profit de l'individu, de la femme mariée, de l'enfant, un indisponible volontaire et un autre forcé ; si ce dernier est admis, ce que nous allons essayer d'édifier a une utilité bien atténuée, puisque tous les membres de la famille rapprochée vont se trouver un à un garantis ; mais le système que nous avons exposé peut paraître excessif à beaucoup de lecteurs, et nous n'avons pas l'intention de leur en imposer un de toutes pièces. Ceux qui le rejetteront pourront, au contraire, admettre au profit de la famille habitant et travaillant ensemble un indisponible, plus limité d'ailleurs, consistant précisément dans l'immeuble où ils habitent, sur lequel ils travaillent.

C'est cette idée de protéger le travail en commun de la famille, de ne pas permettre qu'un de ses membres, que le chef détruise le patrimoine, qui a inspiré les institutions que nous avons décrites précédemment : l'*homestead*, l'*höferecht*, la loi française sur les habitations à bon marché. L'*höferecht* s'en détache cependant en ce qu'il n'entraîne pas l'indisponibilité, mais seulement l'indivisibilité ; dans l'*homestead*, l'insaisissabilité est seule complète, dans la loi française il en est de même, il ne s'agit que de l'indivision forcée ou de l'indivisibilité. Seul l'*homestead* peut servir ici de modèle.

Il a l'inconvénient de permettre l'aliénation, au moins avec le consentement de la femme, et la constitution d'hypothèque ; dans ces termes, il n'y a plus qu'insaisissabilité, cependant il faut souvent pour vendre le consentement de la femme et celui des enfants ; dans ce cas, il se rapproche du modèle cherché. S'il était réuni à l'*höferecht* qui consacre l'indivisibilité du patrimoine, et restreint à l'effet de la loi française qui introduit l'indivision forcée, il atteindrait peut-être la perfection. Il importe, en effet, que le bien sur lequel la famille entière travaille, que la maison où elle demeure devienne incessible et insaisissable, au moins tant que cette collaboration dure ; et que, si elle ne cesse que par le décès, l'indivision soit forcée entre l'époux survivant et les enfants mineurs, qu'enfin lors du partage un seul des ayants-droit puisse garder cet immeuble et continuer à le faire valoir en payant aux autres leur part en argent. La cohésion de la famille, son union, sa communauté prolongée d'intérêt sont à ce prix, et l'intérêt de l'immeuble est qu'il ne descende pas à l'état de trop petite culture et qu'il soit possédé par les mêmes pendant un temps suffisant pour l'améliorer.

Aussi des projets ont-ils été formulés en divers pays, notamment en France, en Belgique, en Italie, en Allemagne, pour développer un système complet de biens de famille ou de foyer de famille, de conservation de l'exploitation en commun.

En France, un projet a été déposé le 11 mars 1897 par M. Siegfried, étendant la loi sur les habitations à bon marché, et s'intitulant *la loi sur les petits domaines*. Il s'applique à une propriété bâtie ou non bâtie ne dépassant pas 5 hectares, ni la valeur de 5,000 francs, mais avec, pour les terrains bâtis, les limitations plus grandes établies par la loi de 1894, c'est-à-dire un maximum de revenu cadestral, variable suivant le chiffre de la population. Ce projet vise surtout les cultivateurs exclus par cette loi, les cultivateurs-propriétaires ; il y en a en France le nombre respectable de 2,150,000. La limitation en valeur est juste, quoique le maximum admis soit bien faible ; aux Etats-Unis, l'*homestead* s'établit jusqu'à 25,000 francs, celui en contenance est peu justifié, car l'hectare est sur certains sols d'une faible valeur. Une autre condition critiquable, c'est que la valeur de la maison est comprise dans celle totale et qu'en outre cette maison ne doit pas elle-même dépasser un certain revenu fixé pour les maisons d'ouvriers. Il n'y a cependant aucune analogie entre des constructions de pure habitation et celles qui sont en même temps d'exploitation, et la valeur du tout se trouve ainsi limitée avec trop de minutie, une limitation totale en valeur vénale suffirait. D'autre part, la propriété bâtie ou non bâtie doit appartenir à une personne n'ayant pas d'autres immeubles. Cette condition n'est pas justifiée. Pourquoi chacun, même celui qui possède plus que le *home*, ne peut-il pas s'en tailler un dans ses biens ? D'ailleurs ce projet, qui copie la loi de 1894, est relatif plutôt à l'indivisibilité. Nous n'en parlons ici que pour ordre.

En Italie, un projet de loi de M. Benjamin Pandolfi déposé le 10 mars 1894 vise à la fois l'indivisibilité et l'indisponibilité ; il appartient donc bien à notre présente rubrique. Les biens de famille prennent le nom de *masseria* : on entend par là un domaine rural duquel une famille pourra avec son propre travail tirer le rendement nécessaire à son existence et sur lequel elle établira sa résidence ; on peut ajouter à ce domaine un fonds de réserve en titres nominatifs de rentes sur l'Etat qui servira à combler l'insuffisance du domaine constitué ; la valeur maxima de ces rentes serait de 2,000 fr., les limites de la *masseria* sont entre 200 et 600 fr. de revenu imposable ; les trop petits domaines sont par là même exclus, ainsi que les trop grands. La masseria comprend, en outre, le mobilier et les objets nécessaires à la vie domestique, les réserves alimentaires de l'année pour la famille et les animaux. Le bien devient propriété familiale, il n'appartient en propre à aucun des individus qui composent la famille et se transmet intégralement à un seul des héritiers ; c'est le père qui décide par donation ou testament quel sera l'attributaire, il peut choisir librement et l'aînesse ne confère aucun privilège ; si c'est la mère qui a constitué, elle devra laisser l'exploitation au mari survivant. A défaut de fils, le père de famille peut attribuer à un parent. A défaut, c'est le conseil de famille qui choisit. Le propriétaire est tenu d'habiter et d'exploiter. L'attributaire devrait des aliments aux ascendants dans le besoin, aux frères et sœurs âgés qui ne peuvent gagner leur vie ou vivre avec lui dans la masseria. Une institution curieuse est celle de la masseria coopérative comprenant plusieurs masserie contiguës. Ce qui nous intéresse en ce moment, c'est que la masseria est une propriété incessible et insaisissable. Il y a donc fusion de l'*höferecht* et de l'*homestead* (1).

En Allemagne, en 1894, M. de Moltke déposa au Reichstag une proposition conçue par M. de Riepenhausen qui institue pour tout l'empire un *höferecht* et aussi un *homestead*. Le bien de famille se compose de l'habitation, des bâtiments d'exploitation, du bétail, des instruments agricoles et des produits nécessaires pour l'exploitation jusqu'à la récolte. Ce bien ne peut être transmis qu'à un seul héritier, sauf le droit d'usufruit de la veuve. Quant à l'*heimstaette*, c'est un immeuble inaliénable et insaisissable.

Nous n'avons à nous occuper ici que de l'indisponibilité, l'indivisibilité faisant l'objet d'une rubrique distincte. La question se pose ainsi. Si l'on n'admet pas l'indisponibilité partielle forcée ou volontaire du patrimoine, faut-il au moins introduire un *homestead* tel qu'il existe ou amplifié, un bien indisponible de famille, et dans quelles conditions ?

Nous l'admettrions dans un but de travail et de collaboration entre les membres de la famille vivant sous le même toit, et sur la terre ou dans la maison à exploiter ou à habiter. L'inaliénabilité et l'insaisissabilité seraient complètes pendant le temps pour lequel la constitution aurait eu lieu. Cette constitution se ferait par acte public dûment transcrit et après cette transcription on devrait procéder à la purge des créances antérieures. Le constituant pourrait, avant le terme même, lever la constitution du bien de famille ; mais il faudrait pour cela le consentement du conjoint et des enfants habitant avec lui, et dans ce cas, soit le conjoint, soit l'un des enfants aurait le droit de prendre l'exploitation pour son compte. Au décès, le conjoint survivant aurait la direction de l'exploitation, à moins qu'il ne fût trop âgé ou incapable. Le père pourrait choisir librement un de ses enfants, sauf les droits de la mère ; à défaut, il serait élu par le conseil de famille. L'attributaire devrait à ses frères et sœurs leur part en argent, sous déduction du quart dont il bénéficierait pour le couvrir des risques. L'*homestead* et l'*höferecht* se trouveraient ainsi réunis.

On pourrait constituer en bien de famille : 1° la maison habitée par le père, la femme et les enfants, même en l'absence de toute exploitation ; 2° la maison et l'usine industrielle, ainsi que les

______

(1) **V.** sur le projet de loi italien un article de M. Santangelo Spoto dans *la Réforme sociale* du 1er novembre 1894, t. XXXVIII, p. 687.

terres en dépendant, utiles à cette exploitation; 3° la maison et l'établissement commercial; 4° les bâtiments et le sol nécessaires pour l'exploitation agricole faite par les membres de la famille.

Il y aurait une valeur maxima pour les maisons seules de 10,000 francs, et pour les maisons et l'exploitation agricole, industrielle ou commerciale, de 25,000 francs. Il serait permis de posséder par ailleurs d'autres valeurs disponibles.

L'obligation d'habiter et d'exploiter soi-même avec sa famille serait une condition indispensable.

Le mobilier nécessaire à l'exploitation serait soumis au même régime, il ne serait pas compris dans les maxima ci-dessus.

Tel serait le bien de famille; l'expérimentation en est déjà faite et nous pouvons nous approprier l'*höferecht* et l'*homestead* réunis.

Cependant nous avons apporté à l'*homestead* une innovation importante. Le bien de famille sera absolument incessible, tant que sa constitution durera; le consentement de la femme et des enfants ne pourra relever de l'indisponibilité.

b). — *De la famille généalogique.* — Si la famille des parents proches avec lesquels on a toujours vécu forme un lien double, à la fois du sang et de l'affection, et plus étroit, et si de cette cohabitation naissent des rapports particuliers au point de vue économique aussi bien qu'au point de vue moral, celle purement généalogique s'étendant aux ascendants avec lesquels on n'habite plus depuis longtemps, aux frères et sœurs séparés, enfin aux descendants éloignés qu'on ne connaîtra jamais, en un mot la famille purement objective, par opposition à celle subjective, conserve une véritable réalité et une grande force, tellement que quelquefois elle est supérieure à l'autre même. On voit souvent l'ascendant conserver sa succession à celui que personnellement il voudrait exhéréder, parce que celui-ci continue sa race. C'est vers le descendant que va naturellement la succession, toute affection mise à part. Aussi l'exhédération est-elle assez rare. Le sentiment de génération domine et contre-balance l'inimitié. Plus la famille est riche, plus cette observation est vraie. De là, les substitutions qui vont reportant la succession jusque sur la tête du petit-fils, mal connu, ou même de tous les enfants nés et à naître. On en appelle de la descendance plus proche et mauvaise à celle ultérieure et supposée meilleure. Tel est un sentiment très répandu qui a, par conséquent, sa racine dans la nature. Qu'on ne prétende point qu'il est artificiel et résulte des habitudes aristocratiques et féodales ! A ce compte, il y a beaucoup de dynasties bourgeoises et même plébéiennes. Si les droits d'aînesse et de primogéniture que nous examinerons bientôt sont aristocratiques dans leur origine, le sentiment de la race appartient à tout le monde.

C'est de ce sentiment qu'est née l'idée de rendre son patrimoine inaliénable et insaisissable entre les mains de ses descendants, non seulement entre celles d'un fils prodigue ou faible d'esprit, mais à travers les diverses générations. Alors la famille ne subit point la ruine, à quelque degré qu'on se trouve ; du moins, pas de ruine subite, car si le patrimoine se divise, la fortune se trouvera émiettée, puis disparaîtra. Mais on peut empêcher ce résultat en joignant l'indivisibilité à l'indisponibilité du patrimoine ; dans ce dernier cas, c'est la fortune elle-même qui est conservée dans son intégrité au profit de quelques-uns, mais qui l'est à perpétuité.

Cette idée se réalise par les substitutions successives. Nous avons vu jusqu'à quel point les législateurs les ont admises et les admettent encore. Quelle serait leur place dans le droit nouveau, à condition, bien entendu, de ne pas établir un ordre préfix de masculinité et primogéniture, qui d'ailleurs a trait à l'indivisibilité ? En d'autres termes, sera-t-il permis au défunt de régler d'avance chez tous ses descendants à l'infini l'ordre de dévolution successorale des biens qu'il laisse et, par voie de conséquence, de les déclarer insaisissables et incessibles ?

Ce droit en lui-même n'a rien qui répugne à la raison, il s'explique par le souci de sa postérité entière. Le déposant ne règle pas d'ailleurs le surplus de la succession de ses descendants. Cependant un ancêtre ne peut ainsi tester d'avance pour toutes les générations; les siècles des siècles ne lui appartiennent pas. Mais ne peut-il au moins régler ainsi sa succession pendant plusieurs générations successives ? Nous pensons qu'il doit le pouvoir, et nous admettons les substitutions à deux degrés, pourvu qu'elles soient faites à chacun d'eux au profit de tous les enfants nés et à naître. Ce serait, en réalité, une inaliénabilité prolongée pendant deux générations.

Cette substitution pourrait avoir lieu, même lorsqu'il s'agirait seulement des descendants du gratifié, quand même ils ne seraient pas ceux du grevé.

Elle pourrait porter non seulement sur la quotité disponible, mais aussi sur la réserve.

Telle serait l'indisponibilité du patrimoine-capital qu'il serait utile et juste d'établir, au profit tant de l'individu que de la femme mariée, de l'enfant et de l'ensemble de la famille.

SECTION DEUXIÈME. — DE L'INDISPONIBILITÉ PARTIELLE
DU PATRIMOINE ET DES OBJETS PARTICULIERS.

L'indivisibilité n'est pas moins importante que l'indisponibilité. Nous avons vu qu'elle s'est réalisée de deux manières bien différentes : autrefois, aristocratiquement, par la perpétuité dans les successions des droits d'aînesse et de masculinité; aujourd'hui, dans certains pays, par l'attribution à un seul enfant choisi par le père de famille de l'exploitation qu'il laisse à son décès.

A côté de l'indivisibilité se place l'indivision forcée, qui est une indivisibilité temporaire, se réalisant non par l'attribution à un seul, mais, au contraire, par la mise ou le maintien en communauté.

a). — *De l'indivisibilité proprement dite.* — Cette indivisibilité apparaît pure dans l'*höferecht* allemand; elle s'y trouve aussi sans être accompagnée de l'indisponibilité. Elle est établie à la fois dans l'intérêt de la famille entière et dans celui de la terre; elle ne l'est point dans l'intérêt d'un des enfants, car, si l'indisponibilité favorise tantôt l'individu, tantôt la femme mariée, tantôt l'enfant, tantôt la famille entière, c'est cette dernière que l'indivisibilité intéresse. Elle n'existe pas dans l'*homestead*.

Son instauration actuelle démocratique est très différente de celle aristocratique et féodale de l'ancien temps. Celle-ci avait l'inconvénient de ne pas faire passer le patrimoine au plus digne des enfants, mais au fils aîné, même incapable de gérer; il fallait lui nommer de bonne heure un curateur; au contraire, dans l'*höferecht*, c'est le meilleur qui est choisi ou du moins le plus capable; et si le père n'a pas fait le choix, c'est la famille qui y procède. Il est vrai qu'une telle désignation peut amener bien des inimitiés, mais elle est plus juste et, au point de vue de la culture, il importe que l'exploitation soit tenue par des mains habiles. Il va de soi que le privilège de l'attributaire ne doit exister qu'en nature et non en valeur. Mais il est fâcheux que l'*höferecht* ne soit pas doublé d'indisponibilité. Nous avons vu que le projet de loi italien tend à opérer cette réunion.

La loi française de 1894 sur les logements à bon marché dont nous avons cité les dispositions permet à chacun des héritiers et au conjoint survivant de reprendre la maison sur estimation ; en cas de conflit, celui que le défunt a désigné l'emporte, puis l'époux copropriétaire d'au moins moitié; enfin à défaut, la majorité des intéressés décide ou le tirage au sort ; c'est le système de l'*höferecht*. C'est celui aussi qui est suivi par le projet de loi belge présenté par M. Van der Bruggen le 18 mars 1891, puis en 1893. Le revenu cadastral de la maison ne doit pas dépasser 200 francs. Au décès, l'attribution se fait comme d'après la loi française. La question de l'indisponibilité n'est pas soulevée.

Nous pensons que cet *höferecht* doit être adopté en France, et comprendre la maison d'habitation et les terres voisines faisant partie de l'exploitation, nous en avons indiqué les conditions plus haut en traitant de l'indisponibilité. Quant à l'indivisibilité, elle consisterait dans l'attribution du fonds de famille à celui des enfants désigné par le père et à défaut par ses cohéritiers ou par justice. Il paierait à ses frères et sœurs leur part, sous déduction d'un quart. L'*homestead* et l'*höferecht* se trouveraient ainsi réunis et cumuleraient leurs avantages. Du reste, l'institution ne serait pas restreinte à l'exploitation agricole, mais comprendrait, en outre, celle industrielle et celle commerciale. D'une manière plus générale, la réserve n'existerait plus qu'en argent, s'il y avait lieu de la maintenir, et non en nature.

b). — *De l'indivision temporaire.* — Dans notre ancien droit, l'indivision imposée par le père de famille ou par convention était fréquente; la continuation de la communauté était aussi une de ses institutions qui a reparu dans le Code civil fédéral allemand ; en pratique, même en France, l'époux survivant garde tout entre ses mains sans partage, au moins jusqu'à la majorité de l'enfant mineur le plus jeune. Au contraire, notre Code civil défend de stipuler l'indivision pour plus de cinq ans et de l'imposer.

Cependant cette indivision est très utile ; il peut être expédient que l'époux survivant garde toutes les valeurs, tant que les enfants sont jeunes, mais à charge de donner certaines garanties. Souvent un fonds est exploité par le mari, la femme, les enfants; au décès du premier il vaut mieux, plutôt que de tout attribuer à l'un d'eux, que tous restent sur la ferme, y travaillent, et que le partage ou la vente ait lieu plus tard. Sans doute, l'indivision ne doit pas être perpétuelle, car elle nuirait à la culture, mais temporaire elle peut enrichir la famille, elle l'unit aussi par le travail en commun ; elle empêche que le lien ne soit brusquement rompu, et le mort semble encore vivre pour surveiller et approuver les travaux ; on peut avoir l'illusion qu'il est toujours là ; ces indivisions contribuaient beaucoup autrefois à retenir au foyer et au sol natal.

La loi française de 1894, spéciale aux habitations à bon marché, s'est occupée de l'indivision forcée. S'il y a des descendants, cette indivision peut être maintenue à la demande du conjoint ou de l'un des enfants pendant cinq ans du décès, ou même s'il y a des mineurs, pendant cinq ans à partir de la majorité de l'aîné de ceux-ci, sans que la durée totale puisse excéder dix ans, à moins de consentement unanime ; le maintien est prononcé par le juge de paix après avis du conseil de famille ; à défaut d'enfants, l'indivision peut pendant cinq ans être maintenue au profit du conjoint. Le projet belge contient à peu près les mêmes dispositions.

Nous pensons qu'il faut les généraliser et les appliquer dans toutes les successions, soit à une maison servant d'habitation, soit à une exploitation agricole, industrielle ou commerciale. Le père de famille aurait l'option entre l'*höferecht*, c'est-à-dire l'attribution à l'un des héritiers choisi par lui ou par la famille, et l'indivision forcée pendant un temps qui pourrait s'étendre à dix années ou jusqu'à la majorité de l'enfant mineur le plus jeune. Il pourrait même cumuler les deux moyens et ordonner qu'à l'expiration de l'indivision, l'exploitation sera attribuée à un seul enfant, mais alors il ne pourra le choisir lui-même et le choix appartiendra aux héritiers.

Nous irions au delà, et nous admettrions l'indivision forcée pour l'ensemble du patrimoine. Il serait loisible au père de famille d'ordonner que la communauté et sa propre succession resteront aux mains de l'époux survivant en totalité, non comme attributaire, mais comme gérant, au nom de la famille, jusqu'à la majorité du dernier enfant mineur, avec la collaboration de tous les enfants.

SECTION TROISIÈME. — DE L'ASSURANCE DU PATRIMOINE.

Il serait inutile d'obtenir la conservation et la perpétuité juridique du patrimoine et son indivisibilité au profit de la famille ou de ses membres, s'il pouvait disparaître en fait et matériellement par un accident ou par l'usure. Il serait vain aussi de protéger la fortune naissante contre les causes d'étouffement juridique dans son germe, si on ne la protégeait pas en même temps contre la désorganisation physique. C'est contre la perte matérielle qu'il faut employer un moyen autre, maintenant très connu, l'assurance.

Cette assurance est de deux sortes : elle est conservatrice ou créatrice. Elle est conservatrice quand elle protège contre l'incendie, la foudre, la grêle, l'insolvabilité des débiteurs, etc., parce qu'elle ne tend alors qu'à substituer une valeur à une autre, si cette dernière périt, et il est même défendu de stipuler une somme supérieure à cette valeur; elle est créatrice dans l'assurance sur la vie et ses diverses branches, lorsqu'au moyen du paiement d'un capital ou d'une prime annuelle on stipule pour le cas de survie à son profit ou à celui d'un tiers ou pour une époque fixe le paiement d'un capital ou d'une rente.

L'assurance s'applique aussi bien et même plus fréquemment au patrimoine-travail qu'au patrimoine-capital, et c'est sous la rubrique de ce dernier que nous en traiterons plus en détail. Mais elle peut être nourrie aussi au moyen de simples épargnes sur le capital ou sur les revenus; nous devons donc la mentionner ici.

A) — *Assurance conservatrice*. — Il s'agit de l'assurance dite terrestre, par opposition à celle sur la vie. Elle comprend comme principaux objets : les navires (et c'est à eux qu'elle s'appliqua tout d'abord), les maisons et autres constructions, le mobilier, les récoltes, les créances, les titres et papiers; les causes de perte contre lesquelles elle garantit sont : l'incendie, l'inondation, la grêle, la foudre, l'explosion du gaz, l'écroulement, l'insolvabilité et la perte. Il est utile que les principaux risques, au moins, soient assurés : par exemple, l'incendie.

Cette assurance est de deux sortes : 1° volontaire, 2° obligatoire.

1° *Assurance volontaire*. — Cette assurance est très fréquente; il est inutile d'insister. Lorsqu'elle sera devenue générale, il ne sera plus question d'une assurance forcée, mais elle fait quelquefois défaut et alors le propriétaire de la valeur perdue peut tout à coup tomber dans l'extrême misère. La perte de quelques animaux suffit pour mettre le cultivateur en cet état. La destruction matérielle est autant à redouter que la destruction juridique.

Il serait à désirer qu'en cas d'assurance volontaire, l'assuré pût, en payant la prime, être absolument garanti. Il n'en est rien, il peut se trouver en face d'une compagnie insolvable. Il devrait, suivant nous, avoir une action subsidiaire contre l'État qui serait garant, et qui à son tour aurait le droit d'exercer une surveillance complète sur les compagnies.

2° *Assurance forcée*. — Mais la société a-t-elle le droit de contraindre l'individu à s'assurer contre tous ces risques matériels? Elle y a certainement intérêt, car le déclassement a sa répercussion sur elle. C'est aussi l'intérêt de l'individu, car le sinistre survenu, il saura bon gré au législateur de l'avoir contraint. Dès lors, le droit social est né ; au moins en ce qui concerne les risques les plus fréquents, par exemple, l'incendie pour les bâtiments, le naufrage pour les navires.

Cependant l'assurance obligatoire, lorsqu'il s'agit du patrimoine-capital est rare, nous avons vu qu'elle est pratiquée dans quelques cantons suisses. Elle est cependant justifiée, sous la condition toutefois d'une action subsidiaire contre l'État. L'individu est ainsi contraint dans son propre intérêt, et il paiera la prime plus volontiers que l'impôt. D'ailleurs l'impôt lui-même n'est que la prime d'assurance de la sécurité sociale.

B). — *Assurance créatrice*. — Il s'agit du groupe des assurances sur la vie. Nous nous occuperons plus loin de celles nourries au moyen du travail et qui ont pour but, tel événement donné, de fournir l'équivalent du salaire, lorsque le travail est devenu impossible.

Maintenant il s'agit de celles nourries au moyen soit d'un capital une fois versé, soit d'économies sur le revenu.

D'ordinaire l'assurance créatrice ne saurait être imposée, elle est essentiellement volontaire, puisqu'elle suppose que l'assuré peut vivre dès à présent, lui et sa famille, sans son travail, que son capital actuel est garanti par l'assurance de la première sorte.

Les diverses combinaisons de l'assurance sur la vie sont infinies ; on distingue la somme payable au décès, celle qui le sera lorsque l'assuré aura atteint un certain âge, celle exigible en cas d'infirmités ou d'accidents. Elle peut consister en un capital ou en une rente viagère sur une ou plusieurs têtes. Nous n'avons pas à entrer dans le détail.

Lorsque les revenus actuels de l'individu atteignent une somme qui ne pourrait le faire vivre sans travail ou dans l'infirmité ou la vieillesse, la Société aurait le droit de le contraindre à l'assurance sur ses revenus, car le danger du déclassement existe.

Telle serait la réserve personnelle du droit nouveau, en ce qui concerne le patrimoine-capital. Tout en conservant à l'individu l'initiative et la liberté, et au patrimoine l'élasticité nécessaire, elle permettrait de mettre, et mettrait obligatoirement dans une moindre mesure, une fraction du patrimoine hors du commerce, hors de l'atteinte des créanciers, hors de la division sans limites, hors enfin des risques violents, de telle manière que l'individu, dès qu'il aurait atteint une certaine fortune, ne pourrait plus la perdre entière brusquement, ni la faire perdre à sa femme, à ses enfants, à sa famille.

Mais beaucoup ne possèdent et n'ont jamais possédé de capital, ils n'ont que leur travail. Doivent-ils au moins mettre à l'abri le produit périodique de ce travail, ou dans le cas d'impossibilité, l'équivalent de ce produit? Pourront-ils s'assurer pour toujours d'un potentiel de travail, à l'abri du chômage, de la maladie, des accidents et de la vieillesse? C'est ce que nous allons rechercher.

CHAPITRE DEUXIÈME

RÉSERVE PERSONNELLE SUR LE PATRIMOINE-TRAVAIL.

Le travail longtemps infériorisé est maintenant justement en honneur. Il ne faut pas du reste perdre de vue que pour beaucoup de familles c'est le seul et unique patrimoine. Enfin il est d'un intérêt social aussi grand de ne pas laisser le travailleur tomber dans l'incapacité de travail et dans l'indigence absolue que d'empêcher le déclassement brusque de celui qui possède un revenu issu du capital.

Pour préserver le travail de cette chute, il importe de le garantir à la fois contre les accidents juridiques et contre les accidents matériels. Dans le premier but, il faut douer d'une certaine insaisissabilité et d'incessibilité le produit du travail, le salaire, ou la représentation du salaire, la pension, lorsque celle-ci s'y substitue, il faut même protéger le capital naissant de l'ouvrier, et lui réserver ses instruments de travail contre les prétentions des tiers. Dans le second but, on doit couvrir par des assurances les risques que craint le travailleur et qui détruisent ou diminuent matériellement soit son travail actuel, soit son potentiel de travail. Ces deux ordres d'idées correspondent à ceux que nous avons développés ci-dessus à propos du patrimoine-capital : l'indisponibilité et l'assurance ; il n'y en a pas qui corresponde à l'indivisibilité.

La réserve à faire sur le patrimoine-capital ne l'est pas seulement au profit de l'individu, mais aussi à celui de sa femme et de ses enfants ; c'est dans leur intérêt qu'une partie du salaire ou de la pension devient indisponible ; c'est à leur profit que le potentiel de travail ou le travail actuel sont garantis.

Enfin l'assurance qui garantit le potentiel de travail peut rester volontaire ou, au contraire, devenir forcée ; la question de l'assurance obligatoire est vivement controversée ; enfin, en cas d'accidents, ce peut être un tiers, et non l'ouvrier, qui sera tenu de cette assurance.

Nous traiterons ici sommairement les questions qui se soulèvent, parce que, pour être approfondies, elles demanderaient plusieurs ouvrages spéciaux ; nous voulons seulement les comprendre dans notre synthèse.

SECTION PREMIÈRE. — DE L'INDISPONIBILITÉ DES INSTRUMENTS DE TRAVAIL, DU SALAIRE ET DE SON ÉQUIVALENT, ET DE L'ÉPARGNE OUVRIÈRE.

Il importe tout d'abord que le travailleur reste maître de ses instruments de travail. Il pourra les vendre ou les échanger, mais les créanciers ne pourront les saisir. Notre Code de procédure les lui accorde, mais avec parcimonie, jusqu'à concurrence de 300 fr. Pourquoi cette limite ?

L'épargne devrait aussi être assurée à celui qui fait des économies sur son salaire, encore plus qu'à celui qui l'a réalisée sur ses revenus. A ce titre encore le livret de la Caisse d'épargne devrait être déclaré insaisissable.

Il en est de même de la fortune en voie de formation, parce qu'elle a pour origine récente le travail. C'est dans ce sens encore que l'*homestead* doit être établi, comme nous l'avons fait; nous ne reviendrons pas là-dessus.

C'est le salaire, et l'équivalent du salaire, la pension ou la retraite, qui doivent attirer notre attention.

Notre Code français distingue entre les fonctionnaires, d'une part, les ouvriers, les employés et même les fonctionnaires gagnant annuellement moins de 2,000 francs de l'autre, et enfin entre le salaire et la pension; d'un autre côté, l'insaisissabilité n'entraîne pas toujours l'incessibilité. Nous n'entrerons pas dans la critique détaillée de ces dispositions.

L'insaisissabilité n'est jamais complète; exception est faite dans plusieurs cas au profit des fournisseurs des aliments, et aussi des parents ou alliés, créanciers alimentaires.

Il n'existe point de système général, mais des dispositions fragmentaires successivement ajoutées les unes aux autres. Il en résulte plusieurs anomalies très choquantes.

En ce qui concerne les ouvriers proprement dits, les salaires ont été rendus par la loi de 1895 incessibles et insaisissables; cependant ils peuvent être saisis pour un dixième, cédés pour un autre dixième, ce qui équivaut à un cinquième, puis un autre dixième est réservé pour les avances faites par le patron; au total, trois dixièmes. Voilà l'indisponibilité bien diminuée. Nous pensons que le salaire des ouvriers ou des employés ne s'élevant pas à 2,000 fr. ne devrait pas du tout être saisissable, pour deux motifs :

D'abord, il est essentiellement alimentaire et nécessaire pour vivre; c'est un axiome que tout ce qui est alimentaire doit être en même temps insaisissable. Puis les créanciers sont avertis, ils n'ont dû compter sur aucun gage. Quelle utilité a d'ailleurs pour eux le droit qu'ils conservent? L'ouvrier fuira vers un autre atelier, et le patron qui désire le garder dissimulera le chiffre du salaire. Voici la situation qui se produira le plus souvent. Un créancier saisira le dixième; s'il pouvait le toucher entièrement, il obtiendrait un certain résultat, mais bientôt d'autres créanciers vont saisir, ils viendront au marc le franc, chacun d'eux ne touchera presque rien. Cette mesure n'aurait été efficace que si l'on avait doté le premier saisissant d'un privilège. Mais même alors il lui faudrait attendre un grand nombre d'années pour être payé.

On objecte la nécessité d'assurer à l'ouvrier lui-même un certain crédit. Mais ce remboursement mesquin ne pourra le lui procurer. Il serait meilleur de lui permettre de céder à une personne le cinquième de son salaire, le cessionnaire ferait inscrire et aurait un privilège. Mais il faut lui défendre d'engager l'avenir, il ne pourrait céder que le cinquième du salaire mensuel ou trimestriel en cours, suivant les modes de paiement.

Les fournisseurs de subsistances ne devront pas être privilégiés. Pourquoi le seraient-ils plus que les autres? Ils connaissaient la situation. Si l'ouvrier veut du crédit, il fera la cession ci-dessus indiquée.

Seuls les parents ou alliés, créanciers alimentaires, pourront saisir dans une proportion que le tribunal fixera à chaque fois, mais qui ne pourra dépasser un cinquième.

Les salaires des ouvriers devront donc être insaisissables en totalité, sauf l'exception ci-dessus, et cessibles seulement pour un cinquième.

La loi déclare à bon droit incessibles et insaisissables les pensions provenant aux ouvriers des règlements d'accidents. Nous permettrons seulement la cession du cinquième des termes en cours.

Enfin la loi déclare aussi incessibles et insaisissables les pensions de retraite pour la vieillesse, mais seulement jusqu'à concurrence de 300 francs. Suivant nous, cette insaisissabilité et cette incessibilité devraient être sans limite.

En ce qui concerne les fonctionnaires civils et militaires, il n'y a point d'incessibilité, et l'insaisissabilité est seulement partielle pour des quotités diverses; il en est ainsi pour le traitement et pour la pension de retraite. Nous pensons que pour celle-ci, à quelque chiffre qu'elle puisse s'élever, aucun doute ne peut naître, elle est essentiellement alimentaire ; elle doit donc être insaisissable en totalité, même envers les fournisseurs d'aliments; seuls les parents et alliés, créanciers alimentaires à ce titre, pourront partager le terme courant avec les débiteurs, de la manière fixée par le juge. Mais nous permettrons de céder au fur et à mesure le cinquième, car autrement le fonctionnaire n'aurait plus aucun crédit.

Doit-il en être ainsi des traitements, dont quelques-uns sont très élevés ? La loi actuelle ne les déclare insaisissables qu'au-dessous d'un certain chiffre et permet au-dessus la saisie d'un cinquième. Nous les déclarerions insaisissables pour le tout; les créanciers sont prévenus ; ils peuvent d'ailleurs se faire céder le cinquième. La seule mesure utile et légitime, c'est de réduire les traitements qui dépassent les services rendus.

La loi est muette sur les produits des assurances volontaires formant retraite soit au profit de l'assuré, soit au profit de sa femme ou de ses enfants ; par conséquent, ces produits qui sont volontaires sont saisissables sans limite. Ce résultat est tout à fait injuste ; les pensions n'en sont pas moins alimentaires, quoiqu'elles aient été volontaires. L'assuré s'est, au moyen de privations, constitué une pension réversible sur la tête de sa femme pour l'âge de vieillesse; il atteint cet âge, cette pension lui est enlevée entièrement et vendue à vil prix par des étrangers. Il meurt, celle qu'il a constituée directement au profit de ses héritiers est saisissable aussi, et ce n'est qu'en vertu d'une jurisprudence récente que, si la constitution est faite directement et nommément au profit d'un tiers, elle appartiendra franche et quitte à ce dernier. Il faut que toute rente viagère, prix d'une assurance nourrie par des primes annuelles et stipulée soit au profit de l'assuré, soit au profit de sa succession, de sa femme, de ses enfants, d'un tiers, soit insaisissable. Elle sera cessible de la manière ci-dessus indiquée.

En sera-t-il de même de celle constituée au moyen d'un capital ? C'est une question que nous avons traitée plus haut à propos du patrimoine-capital.

En sera-t-il ainsi de celle aboutissant à la constitution d'un capital ? Le travail est à l'origine, mais le résultat ne semble plus alimentaire. Cependant, quoique ce soit à un autre titre, ce capital n'en doit pas moins être insaisissable tant qu'il reste distinct; il n'est plus alimentaire, mais c'est l'équivalent d'un salaire. Seulement, n'étant plus alimentaire, il ne sera plus incessible que dans la mesure des autres capitaux.

Il en est de même de la pension pour cause d'accident, convertie en un capital.

En résumé, les instruments du travail, l'épargne jusqu'à un certain maximum qui est celui des caisses d'épargne, le salaire et son équivalent, la pension de retraite, qu'ils soient acquis volontairement ou obligatoirement, que le travailleur soit un fonctionnaire, un employé, un ouvrier ou tout autre, seront insaisissables en totalité, sauf la créance alimentaire des parents, ils ne seront cessibles que jusqu'à concurrence d'un cinquième au fur et à mesure qu'une nouvelle période prendra cours.

Le même principe sera applicable en cas de réversion de la pension sur la tête de la veuve ou des enfants ou en cas d'attribution directe à ces derniers.

SECTION DEUXIÈME. — DE L'ASSURANCE DU TRAVAIL ACTUEL ET DU POTENTIEL DE TRAVAIL CONTRE L'IMPOSSIBILITÉ.

Il ne s'agit plus ici de l'indisponibilité, mais de l'assurance établie par la loi, non de la situation juridique, mais de celle de fait, non de la garantie contre une perte de droit, mais de celle contre une perte ou une diminution matérielle.

Il faut d'ailleurs distinguer entre le potentiel de travail et le travail actuel.

Il ne servirait à rien de rendre insaisissable le salaire, si le travailleur ne trouvait pas à travailler ou n'était plus capable de le faire.

A. — *Assurance du potentiel de travail.* — Cette assurance est tacite, volontaire ou forcée. Elle peut garantir l'individu ou avec lui la femme mariée et les enfants.]

Enfin elle peut fonctionner à la suite de divers événements.

a). — *Assurance tacite.* — C'est celle qui résulte du risque professionnel, elle n'a lieu qu'en cas d'accident.

D'après les législations positives qui réglementent les risques du travail et les accidents, celles allemande, autrichienne et française sont d'accord pour mettre les risques professionnels à la charge du patron seul. Quand il s'agit d'usine, il y a un danger permanent que le patron a prévu : la faute lourde de l'ouvrier peut seule l'exonérer. C'est à lui de se couvrir de ses risques par une assurance qu'il contractera lui-même avec une compagnie. Du reste, la pension due à l'ouvrier n'est jamais qu'une fraction du salaire.

Ce principe est contestable. En cas d'accident, s'il y a faute des machines qui sont les mandataires du patron, il est rare aussi qu'il n'y ait pas faute de l'ouvrier. Sans doute, le patron s'est chargé tacitement des risques purement professionnels, mais ils ne sont pas sans mélange. Le principe de l'interversion de la preuve se comprendrait mieux, mais donnerait naissance à beaucoup de procès.

Nous pensons que la convention tacite est différente. En cas d'accident, il y a presque toujours faute commune. La responsabilité doit donc être partagée; on peut discuter dans quelle mesure. Il est d'ailleurs pratiquement utile que l'ouvrier en ait une part, sans quoi il deviendra plus imprudent. Nous pensons que le patron et l'ouvrier devraient la supporter par tiers et l'Etat pour un dernier tiers, car la société entière profite du travail que le risque de l'assuré rend seul possible. Pour que la contribution de l'ouvrier soit certaine et qu'elle ne lui soit pas trop lourde, il doit s'assurer pour une prime annuelle à une compagnie d'assurance; il en est de même du patron afin que l'ouvrier soit garanti.

A la même idée d'assurance tacite il faut rattacher celle contre le risque de la vieillesse. Le patron supporte l'usure de ses machines, il doit prendre à son compte au moins en partie celle de ses hommes. Il en est de même du risque de maladie ou d'invalidité. La contribution du patron, celles de l'ouvrier et de l'Etat doivent être identiques. C'est ce que décide ici la loi allemande.

Mais l'assurance tacite ne doit s'entendre que des travaux d'usine, de construction et autres offrant des dangers spéciaux de machines, de matériaux ou d'installation.

En ce qui concerne les fonctionnaires, ce sont eux qui s'assurent seuls et à leurs propres frais contre les accidents, la vieillesse, l'invalidité, la mort; il est vrai qu'il n'y a pas de risques professionnels. Mais l'État, qui est leur patron, profite de l'usure corporelle et intellectuelle qui aboutit à l'invalidité, à la vieillesse et à la mort; il devrait donc concourir dans une mesure à nourrir l'assurance. En outre, le fonctionnaire devrait avoir droit à une retraite proportionnelle, même quand il meurt ou devient incapable de travailler avant les 60 ans d'âge et les 30 ans de service, condition draconienne qu'on n'exige pas de l'ouvrier.

b). — *Assurance expresse.* — Les travailleurs qui ne sont pas compris dans les catégories précédentes, par exemple, l'officier ministériel, celui qui exerce une profession libérale, ne peuvent contracter qu'une assurance volontaire. Il n'y a pas lieu de la réglementer. Le produit devra en être insaisissable et incessible, comme nous l'avons déjà établi.

c). — *Assurance obligatoire*. — L'assurance des ouvriers d'usine et de ceux assimilés devrait être obligatoire tant pour eux par une retenue sur leur salaire que pour leur patron, à une Compagnie d'assurance, mais en cas d'insolvabilité de cette Compagnie, l'État, lorsque se produit le sinistre, doit être subsidiairement responsable.

Il en est de même déjà pour celle des fonctionnaires.

Mais les autres travailleurs et tous ceux qui ne possèdent pas un certain capital ne devraient-ils pas être contraints de s'assurer, au moyen d'une retenue sur le gain, contre les accidents, la vieillesse, l'invalidité, et pour le cas où ils laisseraient une veuve ou des enfants, contre la mort? Nous le pensons; mais pour le cas de vieillesse, l'État devrait contribuer pour une part, car il doit procurer le repos aux citoyens qui ont travaillé tant que le travail leur était possible; il en sera de même en cas de vieillesse prématurée résultant d'un accident ou d'infirmités. Mais le montant de la pension ne pourra jamais dépasser le salaire.

B. — *Assurance du travail effectif*. — Il s'agit ici de l'assurance contre le chômage involontaire, mais on ne peut se garantir contre le chômage résultant d'une grève à laquelle on prend part.

L'assurance contre le chômage est très utile; elle peut d'ailleurs être volontaire ou forcée, mais elle rencontre de grandes difficultés. Les cantons de la Suisse qui en ont fait l'essai n'ont pu y réussir.

Cependant, en cas de chômage par suite d'événements fortuits et imprévus, la Société par les secours qu'elle accorde voit retomber les travailleurs à sa charge. Elle pourrait donc, sans assumer de fardeau nouveau, contribuer à la prime des assurances pour chômage, au profit des ouvriers qui voudraient volontairement s'assurer; cela aiderait au succès de cette assurance très difficile à établir en pratique.

Ainsi se trouverait constituée dans une synthèse parallèle la réserve personnelle, le minimum de ressources, sur le patrimoine-travail, de même que nous avons instauré celle sur le patrimoine-capital. Chacun serait sûr de ne pas déchoir brusquement, ni complètement, ni lui-même, ni aucun membre de sa famille proche; il conserverait toujours une fraction de ses biens, une fraction de son travail, ou de l'équivalent de son travail; on ne tomberait plus du capital au travail forcé, ni du travail à la misère ; on ne pourrait plus que s'élever ; dans ce but, des dispositions modérées et sages favoriseraient le travail s'accroissant, le capital naissant. A côté des garanties de l'individu isolé, la femme mariée aurait les siennes spéciales ; de même l'enfant, de même la famille collective. Des transitions insensibles conduiraient d'une classe à l'autre, ce qui atténuerait les haines réciproques. La spéculation et le jeu ne pourraient plus dévorer les fortunes entières. Le foyer de famille devenu inviolable conserverait ou rétablirait le groupement familial autour de lui. Le père aurait une autorité effective, parce qu'elle serait économique autant que morale. L'épargne, la prévoyance devenues obligatoires amèneraient avec elles bien d'autres vertus. La société serait protégée contre le danger des déclassements incessants. L'assistance publique verrait son rôle qu'elle remplit d'une façon insuffisante s'amoindrir devant celui de l'assurance dominant le monde du travail. La mendicité n'aurait plus de raison d'être, et la situation non moins triste de ceux qui n'ont plus le bien-être devenu pour eux nécessaire disparaîtrait. Le bonheur de l'homme ne serait pas certain, mais il serait plus facile et se réaliserait dans les conditions matérielles qui servent de base à celles morales. En tout cas, la justice sociale, que tous doivent ardemment désirer, aurait une réalisation approximative.

Raoul de la Grasserie.

PARIS. — IMPRIMERIE F. LEVÉ, RUE CASSETTE, 17.

ÉCOLE DE LA PAIX SOCIALE

1re Section. Œuvres de Le Play, éditées á Tours par MM. A. MAME et fils

Les Ouvriers européens. 6 vol. in-8° (vendus séparément)	39 fr.
La Réforme sociale en France. 7e édition. 3 vol. in-18	5 fr.
L'organisation du travail. 6e édition. 1 vol. in-18	2 fr.
L'organisation de la famille. 4e édition. 1 vol. in-18	2 fr.
La Paix sociale après les désastres de 1871. 1 brochure in-18	0 fr. 60
La Correspondance sociale. 9 brochures in-18	2 fr.
La Constitution de l'Angleterre. 2 vol. in-18	4 fr.
La Réforme en Europe et le salut en France. 1 vol in-18	1 fr. 50
La Constitution essentielle de l'humanité. 2e édition. 1 vol. in-18	2 fr.
La Question sociale au xixe siècle. 1 brochure in-18	0 fr. 30
L'Ecole de la paix sociale. 1 brochure in-18	0 fr. 20

IIe Section. Publications de la Société d'Économie sociale

Les Ouvriers des deux mondes. 1re série, 5 vol. in-8°	80 fr.
2e série; ch. tome 15 fr., t. V, en cours; chaque monographie.	2 fr.
Instruction sur la méthode des monographies. Nouv. édit. 1 vol. in-8°.	2 fr.
Bulletin des séances de la Société d'Economie sociale. 1re série 9 vol. in-8°	68 fr.
La Réforme sociale. 1re série (1881-1885), 10 vol. in 8°	80 fr.
2e série (1886-1890), 3e série (1891-1895), chac., 80 fr. — 4e série, ch. vol.	7 fr.
Annuaires des Unions et de l'Economie sociale, 5 vol.	15 fr
Exp. de 1867. Rapport sur les ateliers qui conservent la paix sociale. in-8°.	1 fr.
La Réforme sociale et le centenaire de la Révolution. Travaux du Congrès de 1889, avec une lettre-préface de M. Taine, et une introduction sur les principes de 1789, l'ancien régime et la Révolution. In-8° (*en petit nombre*)	10 fr.
Les Unions de la paix sociale leur programme d'action et leur méthode d'enquête, par A. Delaire, secrétaire général des Unions. 6e édit. br. in-32	0 fr. 15

BIBLIOTHÈQUE ANNEXÉE

F. Le Play. Choix de ses œuvres avec une biographie par M. Auburtin et un portrait 1 vol. in-16, cart. LXXIV - 251 pages	1 fr. 75
Ch. de Ribbe. Les Familles et la Société en France avant la Révolution d'après des documents originaux : 4e édition, 2 vol. in-12. 4 fr. — La Vie domestique, ses modèles et ses règles. 2 vol. in-12. 6 fr. — Une famille au xvie siècle. 1 vol. in-12. 2 fr. — Le Livre de Famille. 1 vol. in-12. 2fr. — Le Play d'après sa correspondance. 1 vol. in-18. Pour les membres, 1 fr. 60; pour le public	3 fr. 50
Claudio Jannet. Les Etats-Unis contemporains, avec une lettre de M. F. Le Play: 4e édit., 2 vol. in-12. 8 fr. — Le Code civil et les réformes indispensables à la liberté des familles. 1 br. in-18. 0 fr. 30. — Le socialisme d'Etat et la réforme sociale, 2e édit. 1 vol. in-8°, 7 fr. 50. — Le Capital, la Finance et la Spéculation. 1 vol. in-8°. 8 fr. — Les grandes époques de l'histoire économique, 1 vol. in-12 (pour les membres, 2 fr. 80)	3 fr. 50
Jules Michel. Manuel d'économie politique et sociale, 1 vol. in-12.	2 fr.
Comte de Butenval. Les lois de succession appréciées dans leurs effets économiques par les Chambres de commerce de France. 4e édit. in-18.	0 fr. 60
Ferrand. Les Institutions administratives en France et à l'étranger. 1 v. 6 fr. — Les Pays libres (ouvrage couronné par l'Institut). 1 vol. in-18.	3 fr. 50
Léon Lefébure. Le Devoir social. 1 vol in-12	3 fr.
G. Picot, de l'Institut. Un Devoir social et les logements ouvriers. in-18.	1 fr.
Comte de Bousies. Les lois successorales dans la société contemporaine. 1 vol. in-8°, 2 fr. 50. — Le Collectivisme et ses conséquences..	2 fr. 50
P. du Maroussem. La Question ouvrière: 4 vol. in-8° avec trois préfaces de M. Funck-Brentano. — I. Les Charpentiers de Paris; II. Ebénistes du faubourg Saint-Antoine; III. Le jouet parisien; IV. Les Halles. — Ch. vol.	6 fr.
A. Coste. Alcoolisme et Epargne, 2e édition, in-32	0 fr. 50

ENQUÊTE SUR LES FAMILLES ET L'APPLICATION DES LOIS DE SUCCESSION

Hors série. — *La liberté de tester*, discussion dans cinq séances de 1867 de la Société d'économie sociale rapporteur, M. Batbie; orateurs MM. F. Le Play, Wolowski, Claudio Jannet, Foucher de Careil, Blaise des Vosges, Léon Donnat, etc.). — 1 vol. in-8°, 168 p. Prix : 3 fr.

Première série, 1867-1868. — Ch. fascicule : 2 fr.

I. — Enquête dans le département de l'Isère, par M. Claudio Jannet; dans le département de la Drôme, par M. Helme; et dans les Pays basques, pas Don Antonio de Trueba; suivie du rapport de M. Augustin Cochin à la Société d'économie sociale et de la discussion dont il a été l'objet.

II. — Enquête dans les départements des Basses-Alpes, des Hautes-Alpes, des Alpes-Maritimes, des Bouches-du-Rhône, du Var, de Vaucluse et partie du Gard, faite de septembre 1867 à février 1868, par M. Claudio Jannet, avocat à Aix; suivie du rapport de M. Albert Gigot à la Société d'économie sociale et de la discussion dont il a été l'objet.

Deuxième série, ouverte en 1884. — Ch. fascicule : 2 fr.

I. — Avertissement, p. 1. — Le domaine du paysan devant la coutume et le code, rapport général de M. Ad. Focillon, p. 3 — Index; définitions et indications bibliographiques, p. 29. — Travaux et mémoires : I. La famille rurale des Cévennes, autrefois et aujourd'hui, par M. Ad. Mathieu, p. 35. — II. L'état des familles dans un canton de la Franche-Comté, par M. Fusenot, p. 56. — III. La situation des familles dans un village du pays basque français, par M. Louis Etcheverry, p. 67. — IV. La famille et les lois de succession dans un village de la Guyenne, par M. E. Vigouroux, p. 84. (*Ce fascicule est épuisé.*)

II. — Avant-propos, p. 1. — I. Pétition de M. Jules Fourdinier au Sénat, p. 3. — II. Projet de loi ayant pour objet d'assurer la protec...on de la petite propriété, p. 9. — III. La protection de la petite propriété deva..t les sociétés savantes : MM. Méplain, Welche, Claudio Jannet, A. Saglio, etc., p. 21. — IV. La question du Homestead en Angleterre : *Pro aris et focis*, par M. Devas, p. 35. — V. La petite propriété aux États-Unis, par M. G. Ardant, p. 49. — VI. L'institution du Homestead : aperçu des dispositions qui pourraient être adoptées pour réaliser cette réforme en France, par M. Saturnin Vidal, p. 61. — VII. La nouvelle loi autrichienne en faveur de la transmission intégrale de l'atelier rural, par le Dr Walter Kaempfe, p. 69.

III. — Avant-propos, p. V. — Index bibliographique (1) pour servir aux études sur l'organisation de la famille, p. VII. — **Etudes générales:** I. L'autorité paternelle et le droit de succession des enfants, par M. E. Glasson, de l'Institut, p. 1 — La famille devant les droits de mutation : les familles fécondes surtaxées, par M. A. Mathieu, p. 20. — **Enquêtes et monographies locales :** 1. La famille creusoise devant les prescriptions du code et l'endettement hypothécaire, par M. Henry Clément, p. 315. — II. Un coin de la France du centre : monographie du village du Temple (arrondissement de Brive, Corrèze), par M. Paul Dubost, p. 55. — III. Une enquête sur la propriété et la culture dans le Boulonnais, par M. C. Furné, p. 101.

IV. — I. Le foyer ou le bien de famille, sa conservation, sa transmission héréditaire, par M. de Loynes, p. 1. — II. La protection de la petite propriété rurale et le Homestead en Russie, par M. Pobedonotzeff, p. 39. — III. Les réformes successorales à l'île Maurice, par M. A. de Boucherville, p. 44. — IV. La maison ouvrière et les réformes successorales d'après la proposition de loi de MM. Siegfried, Aynard, etc., p. 48. — V. L'institution et l'organisation des Rentengueter dans le royaume de Prusse, par M. Ernest Dubois, p. 56. — VI. La constitution de la famille et du patrimoine sous le for en Béarn; persistance des idées anciennes sous le code, par M. Louis Batcave, p. 85. — VII. La protection de la petite propriété en Italie, par M. le professeur Santangelo Spoto, p. 136. — VIII. Une loi anglaise sur les petits domaines agricoles, par M. J. Cazajeux, p. 140. — IX. Les sociétés de famille dans le droit civil portugais, par M. F. Lepelletier, p. 145.

V. — I. Les lois d'Homestead exemption aux Etats-Unis, par MM. E. Levasseur, de l'Institut, et Henry C. Hall, p. 1. — II. L'Homestead en France, par MM. Levasseur, Léveillé, abbé Lemire, p. 35. — III. L'institution des biens de famille devant le Parlement Italien, par M. Santangelo Spoto, p. 61. — IV. Commentaire de la loi du 30 novembre 1894 sur les habitations à bon marché, par M. Jules Challamel, p. 75. — V. Les partages d'ascendants : réformes juridiques et fiscales qu'ils réclament, par MM. Ch. Hardy et Louis Fournier, p. 92.

(1) L'index bibliographique tiré à part est envoyé *franco* à toute personne qui en fait la demande au Secrétariat.

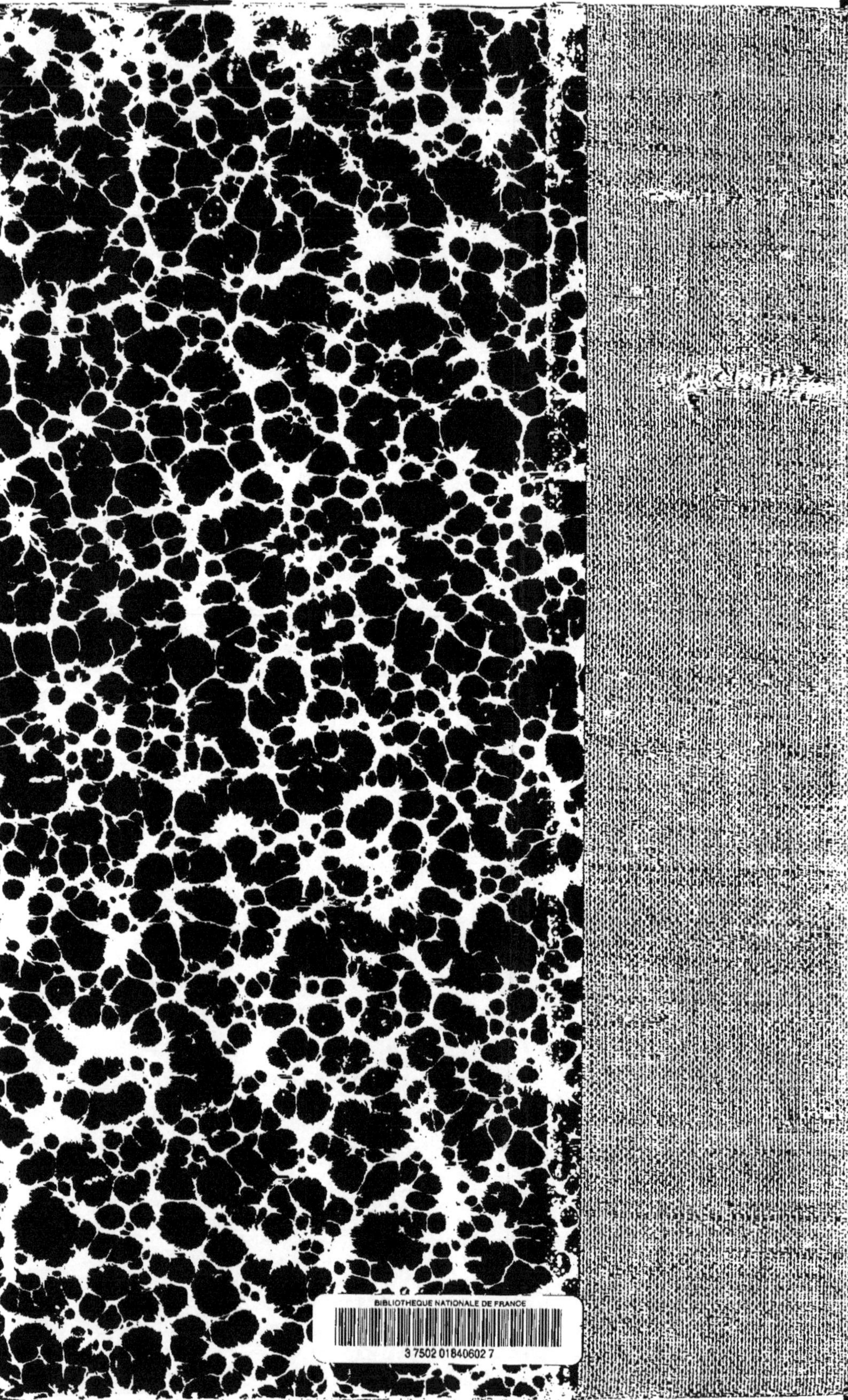